春秋繁露卷第八

度制第二十七 舊注一名調均篇

孔子曰不患貧而患不均故有所積重則有所空虛矣大富則驕大貧則憂憂則爲盜驕則爲暴此衆人之情也聖者則於衆人之情見亂之所從生故其制人道而差上下也使富者足以示貴而不至於驕貧者足以養生而不至於憂以此爲度而調均之是以財不匱而上下相安故易治也今世棄其度制而各從其欲欲無所窮而俗得自恣其勢無極大人病不足於上而小民羸瘠於下則富者愈貪利而不肎爲

浙江大學圖書館藏《抱經堂叢書》本《春秋繁露》卷八卷端中的孫詒讓批校

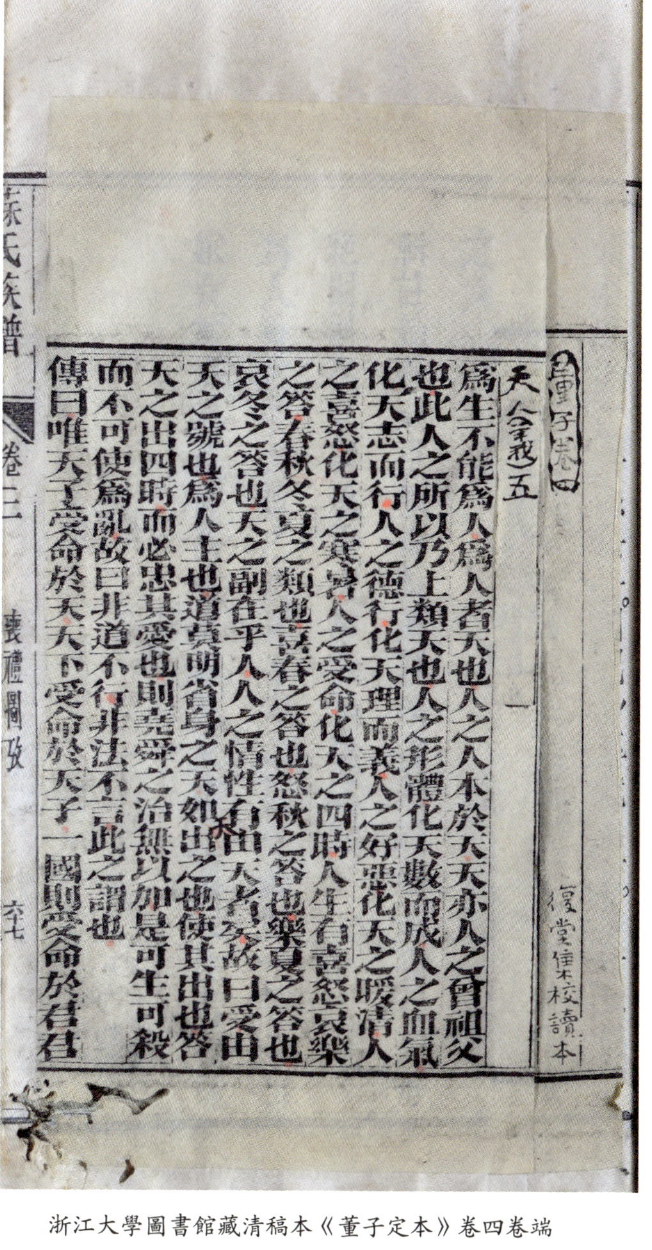

天人三策五

爲生不能爲人爲人者天也人之人本於天天亦人之曾祖父也此人之所以乃上類天也人之形體化天數而成人之血氣化天志而行人之德行化天理而義人之好惡化天之暖清人之喜怒化天之寒暑人之受命化天之四時人生有喜怒哀樂之答春秋冬夏之類也喜春之答也怒秋之答也樂夏之答也哀冬之答也天之副在乎人人之情性有由天者矣故曰受由天之號也爲人主也道莫明省身之天如天出之也使其出也答天之出四時而必忠其受也則堯舜之治無以加是可生可殺而不可使爲亂故曰非道不行非法不言此之謂也

傳曰唯天子受命於天天下受命於天子一國則受命於君君

浙江大學圖書館藏清稿本《董子定本》卷四卷端

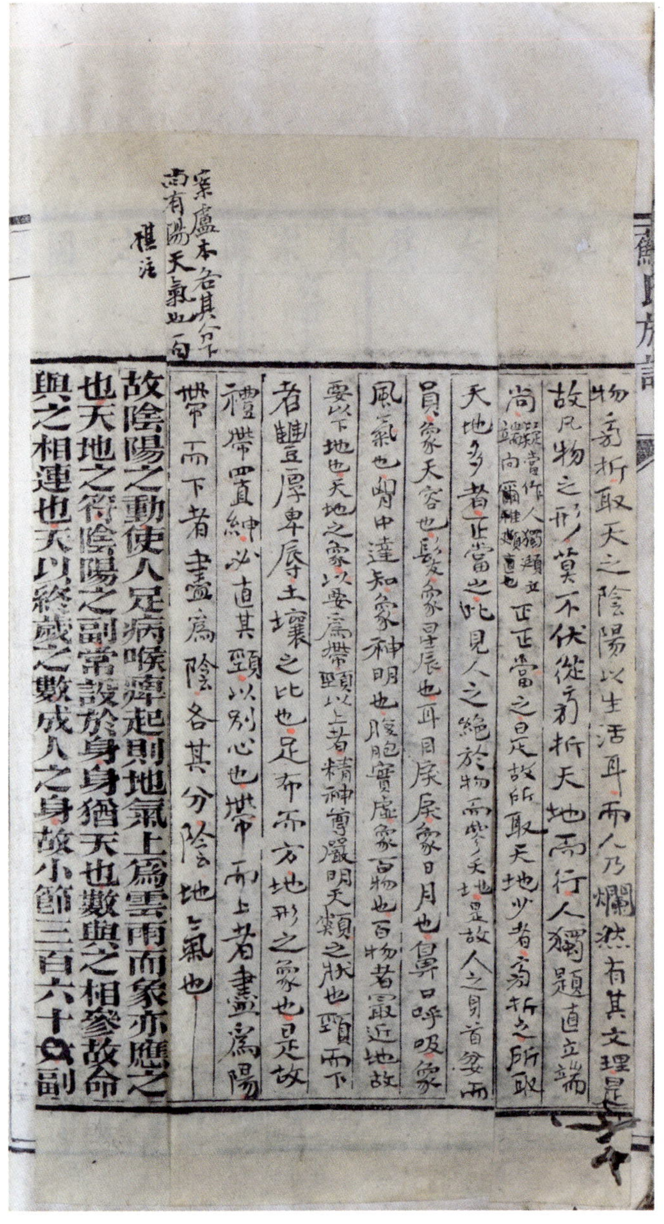
物旁折取天之陰陽以生活耳，而人乃爛然有其文理。是
故凡物之形，莫不伏從旁折天地而行，人獨題直立端
尚（疑當作人獨題直立端向，爾雅題，額也），正正當之。是故所取天地少者，旁折之所取
天地多者正當之，此見人之絕於物而參天地。是故人之身首坌而
員，象天容也；髮，象星辰也；耳目戾戾，象日月也；鼻口呼吸，象
風氣也；胷中達知，象神明也；腹胞實虛，象百物也。百物者最近地，故
要以下地也。天地之象，以要為帶，頸以上者精神尊嚴，明天類之狀也；頸而下
者豐厚卑辱，土壤之比也；足布而方，地形之象也。是故
禮帶置紳，必直其頸，以別心也。帶而上者盡為陽，
帶而下者盡為陰，各其分。陰，地氣也。
故陰陽之動，使人足病，喉痺起，則地氣上為雲雨，而象亦應之
也。天地之符，陰陽之副，常設於身，身猶天也，數與之相參，故命
與之相連也。天以終歲之數，成人之身，故小節三百六十六，副

案盧本「各其分」下有「陽，天氣也」一句。祺注

浙江大學圖書館藏清稿本《董子定本》卷四葉三中的鄒祺批校

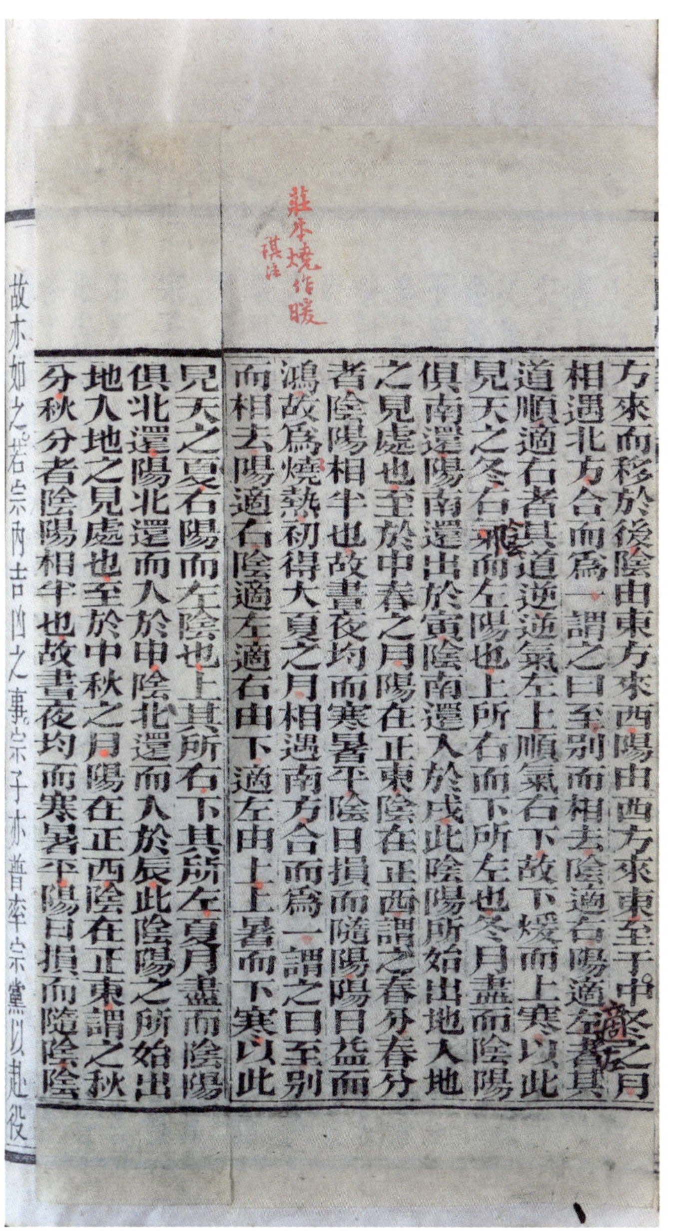

蘇本燒作煖 祺注

方來而移於後陰由東方來西陽由西方來東至于中。冬之月
相遇北方合而爲一謂之曰至別而相去陰適右陽適左適左者其
道順適右者其道逆逆氣左上順氣右下故下煖而上寒以此
見天之冬右陰而左陽也上所右而下所左也冬月盡而陰陽
俱南還陽南還出於寅陰南還入於戌此陰陽所始出地入地
之見處也至於中春之月陽在正東陰在正西謂之春分春分
者陰陽相半也故晝夜均而寒暑平陰日損而隨陽陽日益而
鴻故爲燒熱初得大夏之月相遇南方合而爲一謂之曰至別
而相去陽適右陰適左適左由下適右由上上暑而下寒以此
見天之夏右陽而左陰也上其所右下其所左夏月盡而陰陽
俱北還陽北還而入於申陰北還而入於辰此陰陽之所始出
地入地之見處也至於中秋之月陽在正西陰在正東謂之秋
分秋分者陰陽相半也故晝夜均而寒暑平陽日損而隨陰陰

故亦如之若宗丙吉凶之事宗子亦普率宗黨以赴役

浙江大學圖書館藏清稿本《董子定本》卷四葉十三中的鄒祺批校

盧校叢編　陳東輝　主編

春秋繁露

〔西漢〕董仲舒　撰

浙江大學出版社

浙江大學出版社據清乾隆五十年刻抱經堂叢書本影印原書框高一八五毫米寬一三二毫米

《盧校叢編》出版説明

陳東輝

清代校勘學興盛，名家輩出，盧文弨、顧千里、戴震、錢大昕、阮元、段玉裁、王念孫、王引之、孫詒讓、俞樾等均成績卓著，由此産生了一批歷代典籍的精校精刻本，至今仍有重要參考價值。

盧文弨（一七一七—一七九六），初名嗣宗，後改名文弨，字紹弓（一作召弓），號磯漁（又號檠齋），晚年更號弓父（弓甫）。其堂號曰抱經堂，人稱抱經先生。其祖籍浙江餘姚，明代遷居於仁和（今杭州）。盧文弨乃清代乾嘉時期之著名學者，學識博洽，著述宏富。他的門生臧庸對他推崇備至，曰：『盧抱經學士，天下第一讀書人也。』[一]他在學術上的最大成就，在於校勘古書。據統計，盧氏所鈔校題跋的書籍多達三百五十二種，其中經部八十二種，史部七十種，子部一百零六種，集部九十四種。[二]

他與當時著名考據學家戴震、王念孫、段玉裁交往較多，並深受他們的影響。他大倡實學，尤好校書，聞有善本，必借抄録。其校勘方法，以訓詁爲主，重視舊本，多方參驗，頗下功力。誠如錢大昕所云：

學士盧抱經先生精研經訓，博極群書，自通籍以至歸田，鉛槧未嘗一日去手。奉廩修脯之餘，悉以購書。遇有祕鈔精校之本，輒宛轉借録。家藏圖籍數萬卷，皆手自校勘，精審無誤。凡所校定，必參稽善本，證以它書，即友朋後進之片言，亦擇善而從之，洵有合於顔黄門所稱者，自宋次道、劉原父、貢父、樓大防諸公，皆莫能及也。[三]

盧文弨將畢生精力獻給了他所鍾愛的校勘古書事業，堪稱以學術爲生命之典範。張舜徽對盧氏之評價有畫龍點睛之妙，他説：（盧文弨）『屏絶人世一切之好，終身以校之，所校書爲最多，裨益於士林亦最巨。』[四]翁方綱謂其『專詳於所訂諸書者，校讎經籍之功，近世儒林之所少也』[五]。吴騫云：『舜江盧紹弓學士性敏達而好學，一生手不停披。凡經史百家之書，無不句讎字勘，丹黄粲然，且無一懈筆。校刊漢魏諸儒書，皆有功學者。其詩以餘事爲之，然亦不落輓近。』[六]又云：（盧文弨）『尤癖嗜典籍，幾忘寢饋。聞人有異書，必宛轉假録，遇亥豕則爲校正而歸焉，人亦樂以借之。』[七]嚴元照曰：『抱經先生喜校書。自經傳、子史，下逮説部、詩文集，凡經披覽，無不丹黄者。即無别本可勘同異，必爲之釐正字畫然後快。嗜之至老逾篤，自笑如猩猩之見酒也。』[八]周中孚云：『抱經家藏羣書，皆手自校勘，精審無誤。凡所校定，必參稽善本，證以他書，即友人後進之片言，亦擇善而從之。』[九]

錢泳指出：（盧文弨）『平生最喜校正古籍，爲鍾山書院山長，其所得館穀大半皆以刻書，如《春秋繁露》、賈子《新書》、《白虎通》、《方言》、《西京雜記》、《釋名》、《顔氏家訓》、《獨斷》、《經典釋文》、《孟子音義》、《封氏見聞録》、《三水小牘》、《荀子》、《韓詩外傳》之類，學者皆稱善本。』[十]丁丙曰：『校勘之學，至乾嘉而極精，出仁和盧抱經、吴縣黄蕘圃、陽湖孫淵如之手者，尤讎校精審。』[十一]

劉咸炘認爲盧文弨『爲功後學不小。經疏校正，猶非罕見，然創始之功已不可没。阮校以盧爲藍本』[十二]。王欣夫對盧文弨給予高度評價，説：『他在校讎方面付出了辛勤的勞動，取得了卓越的成就，數清代校讎專家，當推他是第一流。』[十三]葉樹聲提到：『盧文弨校書兩百三十多種，上至經史，下逮詩文，無不丹黄。其校最多，裨益於士林也最大。』[十四]曾貽芬認爲：『盧文弨的校勘成果主要體現在他所校刻的諸書中，然而在他所自爲書的《羣書拾補》中，有關校勘的内容仍占有相當的篇幅，而且還很集中。《抱經堂文集》則包含有不少有關校勘原則的精闢論述。盧文弨校勘精審，《羣書拾補》中的不少校勘成果，已被後人採納。』[十五]傅璇琮贊曰：『盧文弨一生校定的古籍，鏤版行世的如《經典釋文》、《逸周書》、《賈誼新書》、《春秋繁露》等等，都是流傳不衰的佳書，他的《羣書拾補》，其精審的校勘更是某些浮言空論所不能望其項背的。』[十六]楊軍、曹曉雲對盧文弨甚爲推崇，指出：『盧氏校勘極精，頗多特見，學識深厚，可資參考者多而大抵皆有據，非如俗人之妄論。然撲塵掃葉，難免偶疏，誠所謂千慮之失，不可苛責。《釋文》多歷竄亂，非一人之力可治，而盧氏之校，寔陸元朗之功臣也。』[十七]張之洞的《書目答問》在列舉清代校勘之學家時曰：『諸家校刻書，並是善本，是正文字，皆可依據。戴、盧、丁、顧爲最。』[十八]盧文弨在校勘學領域取得了傑出成就，同時在目録學、版本學、訓詁學、文字學、音韻學、辨僞學、輯佚學等方面亦頗有造詣。

盧文弨所編纂的《抱經堂叢書》乃盧氏自校，向以校勘精善、質量上乘而著稱於世，乃中國歷史上最有影響的叢書之一，是當之無愧的精校精刻本，深受學者關注與好評。孫詒讓贊曰：『盧所校者尤衆，其刻《抱經堂叢書》數十種最爲善本。』[十九]繆荃孫在論及清代乾嘉時期叢書編刻盛況時説：『有志在傳古，校讐最精者，如盧學士之《抱經堂》是也。』[二〇]梁啓超在論及清代學者整理舊學之成績時曰：『校釋諸子（或其他古籍）之書，薈萃成編最有價值者：其一，爲盧抱經之《羣書拾補》。抱經所校各書，有多種已將新校本刻出；剩下未刻者，有許多校語批在書眉，把它匯成此書。』[二一]傅增湘則謂『《抱經堂叢書》尤精博』，『奄有諸家之長，而無其短』[二二]。《增訂四庫簡明目録標注》注明《抱經堂叢書》『甚佳』[二三]。中華書局編輯部編的《叢書集成初編總目索引》中的《叢書百部提要》有云：（盧文弨）『每校一書，必搜羅諸本，反覆鈎稽。乾隆間，彙刊所校漢唐人書及所著札記文集，爲《抱經堂叢書》。其卓識宏議，見於盧氏自爲各書序跋。版式雅飭，鐫印俱精。』[二四]洪湛侯的《百部叢書集成研究》指出：『《抱經堂叢書》所收這些重要校本，大抵以舊本爲依據，却不迷信舊本，依據宋本又不惟宋是從，態度極爲認真。……盧文弨這些校勘成果，對於後代的古文獻研究者，幫助極大。』[一二五]潘美月在《清代私家刊本特色》一文中提到：『刊刻叢書乃清代私家刻書之最大特色。……故清代私家刻書以校讎爲主者，當首推盧文弨之刻《抱經堂叢書》。』[一二六]

《抱經堂叢書》有清乾隆嘉慶間刻彙印本[一二七]，以及民國十二年（一九二三）北京直隸書局影印清乾隆嘉慶間刻本。一九六八年，臺灣藝文印書館又據清乾隆嘉慶間刻本影印（其中的《春秋繁露》、《獨斷》二書改用其它叢書的最佳版本，并新增了《三水小牘》之《逸文》），從而使其成爲該館出版的嚴一萍選輯的《百部叢書集成》（與《叢書集成初編》不同，《百部叢書集成》對所收各叢書加以整部影印，并且不重新分類編排）之一種。

《抱經堂叢書》包括《經典釋文》、《儀禮注疏詳校》、《逸周書》、《白虎通》、《輶軒使者絶代語釋别國方言》、《荀子》、《新書》、《春秋繁露》、《顔氏家訓》、《羣書拾補》、《西京雜記》、《獨斷》、《三水小牘》、《鍾山札記》、《龍城札記》、《解春集文鈔》、《抱經堂文集》等十七種子目書。《抱經堂叢書》受到廣大學者的高度重視，一直在古籍整理研究工作中發揮着重要作用，已有多種古籍整理點校著作將《抱經堂叢書》本作爲底本或參校本。如質量甚高的王利器的《顔氏家訓集解》（中華書局二〇一三年版），即以盧文弨校定《抱經堂叢書》本《顔氏家訓》爲底本。吴雲、李春臺校注的《賈誼集校注》（天津古籍出版社二〇一〇年版）中的主體部分，也就是《賈子新書》，以盧文弨校定《抱經堂叢書》本《新書》爲底本。同時，吴士鑑的《晉書斠注》（吴興劉氏嘉業堂一九二八年刻本），（清）郭慶藩的《莊子集釋》（中華書局一九六一年版），（清）王先謙的《荀子集解》（中華書局一九八八年版），（清）王先慎的《韓非子集解》（中華書局一九九八年版），（清）蘇輿的《春秋繁露義證》（中華書局一九九二年版），楊伯峻的《列子集釋》（中華書局一九七九年版），張純一的《晏子春秋校注》（中華書局二〇一四年版），劉文典的《莊子補正》（中華書局二〇一五年版），朱季海的《説苑校理 新序校理》（中華書局二〇一一年版），徐小蠻、顧美華點校的《直齋書録解題》（上海古籍出版社一九八七年版），任繼昉纂的《釋名匯校》（齊魯書社二〇〇六年版）等，均吸收了盧文弨的相關校勘成果。再則，華東師範大學《子藏》編纂中心編的《子藏·道家部·列子卷》（國家圖書館出版社二〇一三年版）收録了《抱經堂叢書》本《羣書拾補》中的《列子張湛注校正》，《子藏·法家部·韓非子卷》（國家圖書館出版社二〇一四年版）收録了《抱經堂叢書》本《羣書拾補》中的《韓非子校正》，《子藏·道家部·莊子卷》（國家圖書館出版社二〇一一年版）收録了《抱經堂叢書》本《經典釋文》中的《莊子音義考證》。

綜合考慮學術價值、讀者需求、已有相關出版物等因素，我們將《抱經堂叢書》中的《白虎通》、《春秋繁露》、《新書》、《逸周書》等四種子目書，作爲《盧校叢編》之首批出版品。上述四種書均係中華傳統文化之基本典籍，我們據清乾隆嘉慶間刻《抱經堂叢書》本影印。同時，浙江大學圖書館所藏《抱經堂叢書》本《白虎通》、《春秋繁露》、《新書》、《逸周書》，有晚清著名學者孫詒讓以及戴望、張文虎之批校，極其珍貴。我們將其中有批校的頁面彩色影印，作爲彩插置於卷前。如此，可以給廣大讀者提供更多的參考，也可以增强《盧校叢編》之學術價值。此外，衷心感謝我的研究生閆方舟同學協助我編製上述四種書的目録！

此前，筆者曾主持《盧文弨全集》的整理校點，前後歷時十一年，對現存盧文弨著述進行了全面而系統的整理。《盧文弨全集》是作爲『浙江文化研究工程』重要組成部分的《浙江文獻集成》之一種，列入『二〇一一—二〇二〇年國家古籍整理出版規劃』，並成功入選『二〇一五年度國家古籍整理出版專項經費資助項目』，已由浙江大學出版社於二〇一七年出版。同時，筆者曾對盧文弨及相關清代學者進行過專門研究，已出版《清代學術與文化新論》等專著，主編《清代學者研究論著目録初編》和《清代學者研究論著目録續編》等工具書。因此，《盧校叢編》的整理出版，對於擔任主編的筆者個人而言，可以視爲清代學術史、古典文獻學研究之延續和拓展；對於出版社來説，可以看作《盧文弨全集》的衍生出版物。

注

［一］（清）臧庸：《拜經堂文集》卷三《與顧子明書》，載《續修四庫全書》第一四九一册，上海古籍出版社一九九五—二〇〇二年版，第五七五頁。

［二］參見陳修亮編著：《盧文弨鈔校題跋本目録》，載陳東輝主編：《盧文弨全集》第十五册《附録上編》，浙江大學出版社二〇一七年版，第三七三—四七六頁。

［三］（清）錢大昕：《潛研堂文集》卷二十五《盧氏羣書拾補序》，載陳文和主編：《嘉定錢大昕全集》（增訂本）第九册，鳳凰出版社二〇一六年版，第三八八頁。

［四］張舜徽：《廣校讎略》卷四，載張舜徽《廣校讎略 漢書藝文志通釋》，華中師範大學出版社二〇〇四年版，第七六頁。

［五］（清）翁方綱：《皇清誥授朝議大夫前日講起居注官翰林院侍讀學士抱經先生盧公墓誌銘》，載陳東輝主編：《盧文弨全集》第十五册《附録上編·有關墓誌傳記·墓誌類》，浙江大學出版社二〇一七年版，第一三頁。

［六］（清）吴騫：《拜經樓詩話》卷三，載《續修四庫全書》第一七〇四册，上海古籍出版社一九九五—二〇〇二年版，第一二九頁。

［七］（清）吴騫：《愚谷文存續編》卷一《抱經堂集序》，載《清代詩文集彙編》第三八〇册，上海古籍出版社二〇一〇年版，第三二八頁。

［八］（清）嚴元照：《悔菴學文》卷八《書盧抱經先生札記後》，載《清代詩文集彙編》第五〇八册，上海古籍出版社二〇一〇年版，第五五一頁。

［九］（清）周中孚著，黄曙輝、印曉峰標校：《鄭堂讀書記》卷五十五，上海書店出版社二〇〇九年版，第九〇五頁。

［十］（清）錢泳撰，張偉點校：《履園叢話》六，中華書局一九七九年版，第一四六頁。

［十一］（清）丁丙：《善本書室藏書志》，載《續修四庫全書》第九二七册，上海古籍出版社一九九五—二〇〇二年版，第六八八頁。

［十二］劉咸炘：《内景樓檢書記·子類》，載劉咸炘：《推十書》（增補全本）丁輯，上海科學技術文獻出版社二〇〇九年版，第五八六頁。

［十三］王欣夫：《文獻學講義》，上海古籍出版社一九八六年版，第四二四頁。

［十四］葉樹聲：《乾嘉校勘學概説》，《安徽大學學報》（哲學社會科學版）一九八九年第四期，第一〇五頁。

［十五］曾貽芬：《試論盧文弨、顧廣圻的校勘異同及其特點》，《史學史研究》一九九七年第四期，第五七頁。

［十六］傅璇琮：《盧文弨與〈四庫全書〉》，載傅璇琮：《濡沫集》，北京聯合出版公司二〇一三年版，第六〇頁。

［十七］楊軍、曹曉雲：《〈經典釋文〉文獻研究述論》，《合肥師範學院學報》二〇一五年第四期，第四頁。

［十八］（清）張之洞撰，范希曾補正：《書目答問補正》，上海古籍出版社二〇〇一年版，第二六七頁。

［十九］孫延釗輯，張憲文整理：《孫詒讓序跋輯録》，《文獻》一九八六年第一期，第一八五頁。

［二十］繆荃孫：《藝風堂文集》卷五《積學齋叢書序》，載《續修四庫全書》第一五七四册，上海古籍出版社

一九九五—二〇〇二年版，第九八頁。

［二一］梁啓超：《中國近三百年學術史》，商務印書館二〇一一年版，第二七七頁。

［二二］傅增湘：《藏園群書題記》附録二《抱經堂彙刻書序》，上海古籍出版社一九八九年版，第一〇六七頁。

［二三］（清）邵懿辰撰，邵章續録：《增訂四庫簡明目録標注》，上海古籍出版社二〇〇〇年版，第五五一頁。

［二四］中華書局編輯部編：《叢書集成初編總目索引》，中華書局二〇一二年版，第二三頁。

［二五］洪湛侯：《百部叢書集成研究》，臺灣藝文印書館二〇〇八年版，第一三八頁。

［二六］潘美月：《龍坡書齋雜著——圖書文獻學論文集》，載《古典文獻研究輯刊》十三編，臺灣花木蘭文化出版社二〇一一年版，第四九五—四九六頁。

［二七］上海圖書館編的《中國叢書綜録》（上海古籍出版社一九八二年版）等工具書以及有關論著，將《抱經堂叢書》之版本著録爲『清乾隆嘉慶間餘姚盧氏刊本』或『清乾隆嘉慶間餘姚盧氏抱經堂刊本』，應該説是不够準確的，因爲該叢書中的盧文弨、謝墉校補的《荀子》二十卷《校勘補遺》一卷，係清乾隆五十一年（一七八六）嘉善謝氏所刻。

前言

《春秋繁露》又名《董子》，乃西漢一代儒宗董仲舒（約前一七九—前一〇四）之代表作，集中體現了其政治哲學思想，即以儒家思想爲核心，雜糅陰陽五行學説之思想體系，同時也反映出漢武帝時代儒學的基本面貌。梁啓超謂『此爲西漢儒家代表的著作，宜稍精讀』[一]。

關於《春秋繁露》的成書過程及該書的真實性，歷來有不同看法，曾有不少學者對該書是否爲董仲舒之作表示懷疑，不過有更多的學者認爲該書雖非董仲舒原初著述，但其核心内容當爲董仲舒之思想。《四庫全書總目》云：『今觀其文，雖未必全出仲舒，然中多根極理要之言，非後人所能依託也。』[二]這一評説較爲符合實際。

清末學者蘇輿對《春秋繁露》的成書過程做過深入研究，指出：

《漢藝文志》載《董仲舒》百二十三篇，《公羊董仲舒治獄》十六篇。《後漢書・應劭傳》，仲舒作《春秋決獄》二百三十二事，當即《志》之十六篇，而無《春秋繁露》名。《漢書》本傳載仲舒説『《春秋》得失，《聞舉》、《玉杯》、《蕃露》、《清明》之屬復數十篇』。是《蕃露》只一篇名，當在百二十三篇中。此書隋、唐《志》始著録，唐、宋類書時見徵引。蓋東漢古學盛而今學微，故董書與之散佚。茲後人採掇之僅存者，前人已疑其非盡本真。然微詞要義，往往而存，不可忽也。西漢大師説經，此爲第一書矣。[三]

通觀《春秋繁露義證》全書，蘇輿的論證較爲嚴密，持論較爲公允。筆者基本認同其觀點，即今存《春秋繁露》並非董仲舒著作之原貌，而是由後人輯録、整理、彙編而成，並將書名題爲《春秋繁露》。

《春秋繁露》之名稱始見於《隋書·經籍志》。關於其版本狀況，梁啓超較早作過概述，他指出：

董子《春秋繁露》爲西漢儒家言第一要籍，不獨《公羊》學之寶典而已。其書宋時已有四刻，多寡不同。樓鑰校正，始爲定本。然明代所翻樓本，又訛脱百出。乾隆開四庫館，乃取《永樂大典》中樓本詳校。提要所謂：『海内不見完本三四百年，……神明焕然，頓還舊觀，雖曰習見之書，實則絶無僅有之本也。』越十二年，盧抱經依聚珍板所刻四庫本重校，間下案釋，是爲抱經堂本。《繁露》正文，此爲最善本了。[四]

崔富章、崔濤的《〈春秋繁露〉的宋本及明代傳本》[五]和崔濤的《現存〈春秋繁露〉單行本版本考略》[六]，對《春秋繁露》的版本源流作了梳理，可以參閲。

現存最早的《春秋繁露》版本是宋嘉定四年（一二一一）胡榘江右計臺刻本。該刻本現藏國家圖書館，《中華再造善本》據此影印，由北京圖書館出版社於二〇〇三年刊行。該刻本後來又作爲《國學基本典籍叢刊》之一種，由國家圖書館出版社於二〇一八年影印出版，定名爲《宋本春秋繁露》。該刻本共計十七卷，原書框高二二三毫米，寬一六一毫米，每半葉十行，行十八字，白口，左右雙邊。李致忠對該刻本進行過專門研究，可以參閱。[七]

《春秋繁露》現存的明清版本主要有明正德十一年（一五一六）錫山華堅蘭雪堂銅活字印本、明嘉靖三十三年（一五五四）周采刻本（國家圖書館藏本有傅增湘校跋並録黄丕烈題識，又録張元濟校，張元濟跋；美國國會圖書館藏本有黄丕烈據宋本校語，並題跋二則）、明天啓五年（一六二五）王道焜等刻本、明天啓五年（一六二五）西湖沈氏花齋刻本、明萬曆胡維新輯刻《兩京遺編》本、明萬曆程榮輯刻《漢魏叢書》本、明萬曆何允中輯刻《廣漢魏叢書》本、清乾隆王謨輯刻《增訂漢魏叢書》本、清乾隆武英殿聚珍本、清乾隆五十年（一七八五）盧文弨校刻《抱經堂叢書》本（上海圖書館藏本有清吴育跋並過録清張惠言校）、清刻本（四川省圖書館藏本有清鄭珍録盧文弨批校）、清抄本（湖北省圖書館藏，有清佚名録盧文弨校）等。另有淩曙《春秋繁露注》和蘇輿《春秋繁露義證》等。

武英殿聚珍本十分重要，其底本是《永樂大典》中保存的被四庫館臣誤判爲宋嘉定四年（一二一一）胡槻江右計臺刻本的另一種宋刻本。[八]武英殿聚珍本『詳爲勘訂，凡補一千一百二十一字，删一百二十一字，改定一千八百二十九字』。[九]

《抱經堂叢書》本《春秋繁露》十七卷《附録》一卷（漢董仲舒撰，清盧文弨校），以清乾隆武英殿聚珍本爲底本，以明嘉靖三十三年（一五五四）周采刻本（即蜀中本）、明萬曆程榮輯刻《漢魏叢書》本、明萬曆何允中輯刻《廣漢魏叢書》本爲參校本。同時，盧文弨還參考了趙曦明、江恂、秦黌、張坦、陳桂森、段玉裁、吴典學、錢唐、秦恩復、陸時化、陳兆麒、齊韶等十二家之校。該刻本共計八十二篇，内有闕文三篇，其中三十九、四十、五十四三篇已佚，實爲七十九篇。該刻本原書框高一八五毫米，寬一三二毫米，每半葉十行，行二十字，小字雙行同，白口，單黑魚尾，左右雙邊。

盧文弨爲校刻《抱經堂叢書》本《春秋繁露》作了長期、認真準備。對於明萬曆何允中輯刻《廣漢魏叢書》本《春秋繁露》，盧文弨曾於乾隆四十一年（一七七六）校，乾隆四十二年（一七七七）再校，乾隆四十九年（一七八四）三校。目前該盧校本保存在南京圖書館。盧文弨提到：

> 乾隆戊戌（一七七八），余讀《春秋繁露》，既已尋其脱簡，審其譌文而正之，余因思董生頗精《公羊》家言，爲之沿流溯源，則是書不可不讀。獨恨何氏之識遠不逮江都，故其説多苛碎不經之談。而疏必爲之依阿其閒，不敢直斷以爲非是，此猶是漢人欲伸師學之見，要其繆盭亦不待摘抉而後見也。何氏文筆未善，故其言多有晦僿難曉者，疏獨能通之。其所引《春秋説》與諸緯書俱已不傳，後世亦賴是見其一二。厠諸疏中，視《論語》、《孟子》猶當勝也。閲起於臘之八日，至次年三月十一日始輟功云。[十]

《抱經堂叢書》本堪稱迄今爲止《春秋繁露》各版本中的最佳刻本，歷來頗受重視和好評。鄭閱珍在《題移寫〈春秋繁露〉盧氏校本》中曰：『盧紹弓復加考核，尤極精詳。』[十一]李慈銘云：『而脱文衍文尚多，疑誤處亦復不少。』[十二]耿文光謂：『盧校本甚精，而脱《春秋繁露》，抱經堂本，凡十七卷八十二篇，最爲足本。』[十三]《增訂四庫簡明目録標注》在《春秋繁露》條中注明：『抱經堂刊本最善。』[十四]顧廷龍的《春秋繁露跋》指出：『嘉靖本及《漢魏叢書》本，盧抱經皆校過，其佳處已采入校本中。天啓本亦曾手校，已由八千卷樓歸江蘇國學圖書館矣。……《聚珍》本經詞臣據《大典》本校補訂正，實沿宋本而出，已稱善本，抱經又據各本參互校定，尤爲精善』。[十五]

此次出版的《春秋繁露》，據清乾隆五十年（一七八五）盧文弨校刻《抱經堂叢書》本影印。同時，浙江大學圖書館所藏《抱經堂叢書》本《春秋繁露》，有晚清著名學者孫詒讓之批校，極其珍貴。此次出版，將其中有批校的頁面，再加上浙江大學圖書館藏清稿本《董子定本》中有鄒祺批校的頁面彩色影印，作爲彩插置於卷前，以便給廣大讀者提供更多的參考。

陳東輝

二〇二一年三月謹誌於浙江大學漢語史研究中心

注

［一］梁啓超：《國學入門書要目及其讀法》，載梁啓超：《國學要籍研讀法四種》，江西教育出版社二〇一八年版，第一四九頁。

［二］（清）永瑢等：《四庫全書總目》卷二十九《經部·春秋類四》，中華書局一九六五年版，第二四四頁。

［三］蘇輿撰，鍾哲點校：《春秋繁露義證》『例言』，中華書局一九九二年版，第一—二頁。

［四］梁啓超：《中國近三百年學術史》，商務印書館二〇一一年版，第二八九頁。

［五］《文獻》二〇〇五年第三期。

［六］《華中科技大學學報》（社會科學版）二〇〇四年第三期。

［七］參見李致忠：《宋版書叙録》，書目文獻出版社一九九四年版，第二一七—二三四頁；李致忠：《〈春秋繁露〉提要》，載中華再造善本工程編纂出版委員會編著：《中華再造善本總目提要·唐宋編》，國家圖書館出版社二〇一三年版，第九七—九九頁。

［八］參見（漢）董仲舒撰，張祖偉點校：《子海精華編·春秋繁露》『整理説明』，山東人民出版社二〇一八年版，第五頁。

［九］（清）永瑢等：《四庫全書總目》卷二十九《經部·春秋類四》，中華書局一九六五年版，第二四四頁。

［十］（清）盧文弨：《抱經堂文集》卷八《書公羊注疏後》，載陳東輝主編：《盧文弨全集》第八册，浙江大學出

版社二〇一七年版，第一五五頁。

［十一］（清）鄭珍著，黄萬機等點校：《鄭珍全集》第六册《巢經巢文集》卷二《題移寫〈春秋繁露〉盧氏校本》，上海古籍出版社二〇一二年版，第四八六頁。

［十二］（清）李慈銘著，由雲龍輯，上海書店出版社重編：《越縵堂讀書記》，上海書店出版社二〇〇〇年版，第八八頁。

［十三］（清）耿文光：《萬卷精華樓藏書記》卷八《春秋繁露》條，黑龍江人民出版社一九九二年版，第三二一頁。

［十四］（清）邵懿辰撰，邵章續録：《增訂四庫簡明目録標注》，上海古籍出版社二〇〇〇年版，第一二四頁。

［十五］顧廷龍：《顧廷龍文集》上編《春秋繁露跋》，上海科學技術文獻出版社二〇〇二年版，第二一一頁。

目録

卷六

卷七

卷八

卷九

卷十

卷十一

卷十二

卷十三

春秋繁露附録

賈誼新書
春秋繁露

漢兩大儒書

抱經堂藏版

校刻賈子董子序

抱經盧先生手校賈子董子之書先後授之梓人既成以示唐曰此漢兩大儒之遺言也我於校讎之任嘗盡心矣子其可序之唐觀劉向之稱賈生以爲伊管未能遠過而推董子爲王佐之才即先生之序賈子所謂西漢兩大儒皆以經生而通達治體者唐固無庸復贅惟是先生校正之意竊嘗獲聞緒論知其出於至愼而不苟請得爲讀者告焉夫古書之傳於今也大都不能無誤後人欲從而校正之必確有可據始不蹈妄改古書之失非是則闕疑焉可也二子

之言漢史既錄於志傳復著其篇目於藝文中所謂儒家者流賈誼五十八篇春秋公羊家董仲舒治獄十六篇儒家者流董仲舒百二十三篇是也歷魏晉鈘佚隋唐史志有賈誼新書十卷董仲舒春秋繁露十七卷乃後人掇拾而成今世所傳唯此而已間嘗取漢史以攷新書知志傳所載奏疏五篇已析爲二十餘篇而繁簡各異傎到失次者殆無一篇不然夫史家纂錄不能不從刪併要必略依本文之序未有言不以序而能成文者故此繁彼簡可曰誼書固然若前後傎到則決不然矣而既離析其篇章則有誼

本一篇而後人二之如宗首之與親疎危亂篇者至政事疏慎取舍之文顧闕而不見故新書之五十八篇非卽漢志之五十八篇也緐露之對膠東王問卽仲舒傳之對江都王問餘俱不見於漢史然傳言仲舒說春秋事得失聞舉玉杯蕃露淸明竹林之屬數十篇當卽公羊治獄十六篇而上疏條教百二十三則儒家所列也蓋藝文析仲舒所著爲二如後代史志之分經說別集兩門而別集之文制策廟災對之屬咸備焉故冠以上疏條教也今合二者爲一書治獄在其中條教在其中而獨以制策諸篇爲別集此

由後之詮次者不悟八十二篇不皆說春秋之文遂以春秋說之繁露篇篇爲書名而改繁露篇曰楚莊王葢以首篇名書因以首語名篇耳觀漢史所列諸篇無以人名者則灼然可知矣雖然是說也特以想見二書之本然未可據以改易今書之次弟何也隋唐去漢未若今去漢之甚遠也隋唐人已不獲見漢時舊本今能知其何如耶據漢史以改易今書卒不能復漢特之舊而轉失隋唐以來流傳千有餘年之篇帙故校是書者惟宜是正文字而止葢疑則傳疑所以爲愼之至也抑又有難焉者謚粹於禮其言治道

以三代盛王爲指歸而參之秦漢以通其變故爲有用之實學仲舒則春秋公羊家老師何氏三科九指之說多自仲舒發之其言五行災異陰陽出入原于易一陰一陽之謂道蓋漢世知天之學也故二子皆本於經皆能通達治體而賈子得其大董子得其精先生之於二書凡上自宋本下迄今人之說苟其善者無不備錄以爲是正文字之助雖以寻說之鄙陋亦得采入其中而獨不敢竟易隋唐以來之篇帙蓋先生之校是書也必確求其可據以證明二子立言之意唐故一言蔽之曰慎也若夫讀是書者得先生

之本卽見隋唐之本因隋唐之本亦可想見漢時之本此則由乎其人之自爲討論而已後學錢唐謹序

漢兩大儒書序

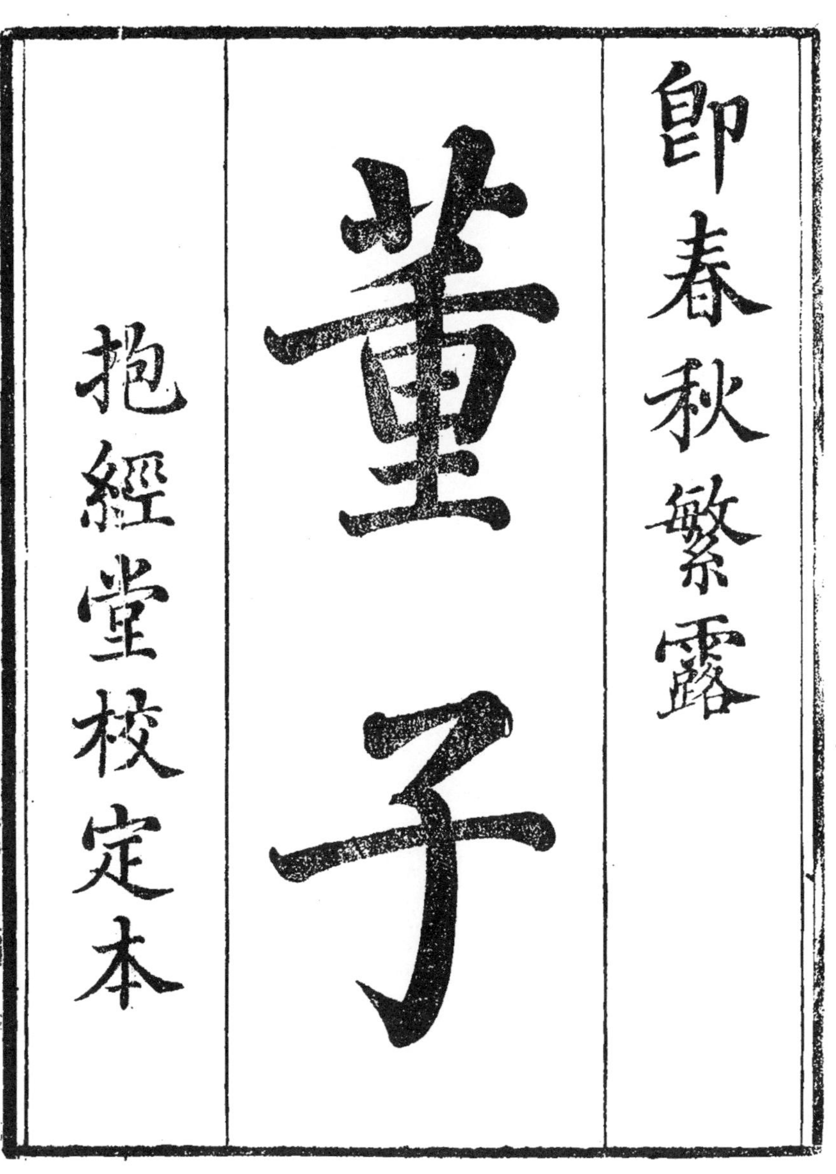
即春秋繁露
董子
抱經堂校定本

舊序

六經道大而難知惟春秋聖人之志在焉自孔子沒莫不有傳名於傳者五家用於世纔三而止耳其後傳世學散源迷而流分葢公羊之學後有胡母子都董仲舒治其說信勤矣嘗爲武帝置對於篇又自著書以傳於後其微言至要葢深於春秋者也然聖人之旨在經經之失傳傳之失學故漢諸儒多病專門之見各務高師之言至竆智畢學或不出聖人大中之道使周公孔子之志旣晦而隱焉董生之書視諸儒尤博極閎深也本傳稱玉杯繁露淸明竹林之屬

今其書十卷又總名繁露其是非請俟賢者辨之太原王君家藏此書常謂仲舒之學久鬱不發將以廣之天下就予求序因書其本末云慶歷七年二月四明樓郁書案郁字子文

春秋繁露參校本及新校人名氏

聚珍版本 以此爲主又取蜀中本明嘉靖甲寅爲陽周大生所刻有永寧趙維垣序云出宋本又明程榮何允中兩家本

江陰趙曦明敬夫校

江都江愉于九校

江都秦黌序唐校

臨潼張坦芑田校

常熟陳桂森耕巖校

金壇段玉裁若膺校

瓊山吳典學齋校

嘉定錢唐學源校

江都秦恩復敦夫校

太倉陸時化潤之校

餘姚盧文弨紹弓合校

休寧陳兆麒仰韓校

江寧齊韶敬傳校

江寧劉文奎刻字

春秋繁露目録

卷七

卷十三

卷十四

卷十五

卷十六

四庫館奏

臣等謹案春秋繁露十七卷漢董仲舒撰繁或作蕃蓋古字相通其立名之義不可解南宋館閣書目謂繁露冕之所垂有聯貫之象春秋比事屬辭立名或取諸此亦以意爲說也其書發揮春秋之旨多主公羊而往往及陰陽五行考仲舒本傳蕃露玉杯竹林皆所著書名而今本玉杯竹林乃在此書之中故崇文總目頗疑之而程大昌攻之尤力今觀其文雖未必全出仲舒然中多根極理要之言非後人所能依託也

是書宋代已有四本多寡不同至樓鑰所校乃爲定本鑰本原闕三篇明人重刻又闕第五十五篇及第五十六篇首三百九十六字第七十五篇中一百八十字第四十八篇中二十四字又第三十五篇顛倒一頁遂不可讀其餘訛脱不可勝乙藎海內藏書之家不見完本三四百年於兹矣今以永樂大典所存樓鑰本詳校其異於他本者凡補一千一百餘字刪一百十餘字改定一千八百二十餘字神明煥然頓還舊觀雖曰習見之書實則絕無僅有之本也儻非

幸逌

聖朝右文稽古使已湮舊籍復發幽光則此十七卷者終沈於蠹簡中矣茲豈非萬世之遇哉臣等編校之餘爲是書幸且爲讀是書者幸也乾隆三十八年十月恭校上

案此書之大恉在乎仁義仁義本乎陰陽陽居大夏而陰居大冬見天之任德不任刑也又言除穢不待時如天之殺物不待秋則董子之論固非倚於一偏者其重政篇云聖人所欲說在於說仁義而理之不然傅於衆辭觀於衆物說

不急之言而以惑後進者君子之所甚惡也卽此可知其立言之本意矣我

皇上新考試詞臣取仲舒語以仁安人以義正我命題臣竊仰窺

聖德

聖治固已與天地同流與陰陽協揆矣而於是書猶有取爾況在學者其曷可以不讀向者苦其脫爛乃今而使覩全書尤爲深幸臣服習有年見其以天證人析理斷事實切於養德養身之要而凡政治之原郊祀之典用人之方弭災之術

俱無所不備卽其正名辨制委曲詳盡亦始入
學者所必當研究也謹就二三學人覆加考核
合貲雕版用廣其傳冀無負
朝廷昌明正學嘉惠士林之至意至書中如考功爵
國等篇尚有不可強通者在以詒夫好學深思
之士或能明其說焉乾隆五十年十月舊史官
臣盧文弨謹書目錄後

春秋繁露目錄

春秋繁露卷第一

漢太中大夫膠西相董仲舒撰

楚莊王第一

楚莊王殺陳夏徵舒春秋貶其文不予專討也宣十一年書楚人殺陳夏徵舒靈王殺齊慶封而直稱楚子昭四年何也曰莊王之行賢而徵舒之罪重以賢君討重罪其於人心善若不貶孰知其非正經春秋常於其嫌德者見其不得也嫌德本或作嫌得案二字古多通用是故齊桓不予專地而封僖元年齊師宋師曹師次于聶北救邢公羊傳曰君則其稱師何不與諸侯專封也曷爲不與實與而文不與又十四年諸侯城緣陵傳曰城杞也孰城之桓公城之曷爲不言桓公城之不與諸侯專封也

晉文不予致王而朝僖廿八年公會晉侯以下盟于踐土公朝于王所公羊傳曰不與致天子也又經書天王狩于河陽傳曰不與再致天子也楚莊弗予專殺而討三者不得則諸侯之得殆此矣殆近也此即指上三事而言本或作殆貶矣非句此楚靈之所以稱子而討也春秋之辭多所況是文約而法明也問者曰不予諸侯之專封復見於陳蔡之滅昭十三年蔡侯廬歸于蔡陳侯吳歸于陳公羊傳曰此皆滅國也其言歸何不與諸侯專封也文已見僖十四年此又復見也不予諸侯之專討獨不復見慶封之殺案慶封之殺上亦當有於字何也曰春秋之用辭已明者去之未明者著之今諸侯之不得專討固已明矣而慶封之罪未有所見也故稱楚子以伯討之著其罪

之宜死以爲天下大禁曰人臣之行貶主之位亂國之臣雖不篡殺其罪皆宜死比於此其云爾也春秋曰晉伐鮮虞奚惡乎晉而同夷狄也見昭十二年單言晉不稱爵是夷狄之也曰春秋尊禮而重信信重於地禮尊於身何以知其然也宋伯姬疑禮而死於火襄卅年齊桓公疑信而虧其地莊十三年公會齊侯盟于柯公羊傳曰曹子手劒而從之曰願請汶陽之田桓公曰諾要盟可犯而桓公不欺桓公之信著乎天下自柯之盟始焉然歸汶陽田不見於經春秋賢而舉之以爲天下法曰禮而信禮無不答施無不報天之數也今我君臣同姓適女女無良心禮以不答有恐畏我有古與又同書內多如此何其不夷狄也公子慶

父之亂魯危殆已而齊桓安之閔二年齊高子來盟於彼無親尙來憂我如何與同姓而殘賊遇我詩云宛彼鳴鳩翰飛戾天我心憂傷念彼先人明發不昧有懷二人案念彼今詩作念昔又不昧作不寐此從周本程本人皆有此心也今晉不以同姓憂我而強大厭我舊本作今晉文不以其同姓憂我訛我心望焉故言之不好謂之晉而已婉辭也

問者曰晉惡而不可親公往而不敢至乃人情耳君子何恥而稱公有疾也昭廿三年曰惡無故自來君子不恥內省不疚何憂於志是已矣大典本於志作何懼案已矣二字疑一衍今春秋恥之者昭公有以取之也臣陵其君始於文

而甚於昭公受亂陵夷而無懼惕之心懼讀爲瞿瞿然瞿
輕計妄討計舊本作詐今從趙改犯大禮而取同姓接不義而
重自輕也人之言曰國家治則四鄰賀國家亂則四
鄰散是故季孫專其位而大國莫之正出走八年死
乃得歸身亡子危困之至也君子不恥其困而恥其
所以窮昭公雖逢此時苟不取同姓詎至於是雖取
同姓能用孔子自輔亦不至如是時難而治簡行枉
而無救是其所以窮也
春秋分十二世以爲三等有見有聞有傳聞有見三
世有聞四世有傳聞五世故哀定昭君子之所見也

襄成宣文君子之所聞也僖閔莊桓隱君子之所傳聞也所見六十一年所聞八十五年所傳聞九十六年於所見微其辭於所聞痛其禍於傳聞殺其恩與情俱也是故逐季氏而言又雩昭廿五年微其辭也子赤殺弗忍言日文十八年痛其禍也子般殺而書乙未莊卅二年案左傳作己未二傳作乙未殺其恩也屈伸之志詳略之文皆應之吾以知其近近而遠遠親親而疏疏也亦知其貴貴而賤賤重重而輕輕也有知其厚厚而薄薄善善而惡惡也有知其陽陽而陰陰白白而黑黑也百物皆有合偶偶之合之仇之匹之善矣詩云威儀抑抑

德音秩秩無怨無惡率由仇匹（諸本皆作仇匹王伯厚詩攷卻未載此）之謂也然則春秋義之大者也得一端而博達之觀其是非可以得其正法視其溫辭可以知其塞怨是故於外道而不顯於內諱而不隱於尊亦然於賢亦然此其別內外差賢不肖而等尊卑也（以爲親者諱爲主故云於尊亦然於賢亦然下云別內外覆申爲親者諱之義差賢不肖覆申爲賢者諱之義等尊卑覆申爲尊者諱之義本或無於尊亦然四字者脫也）義不訕上智不危身故遠者以義諱近者以智畏畏與義兼則世逾近而言逾謹矣此定哀之所以微其辭以故用則天下平不用則安其身春秋之道也（錢云此春秋說開端大旨當爲首篇如旒旒然繁露之名或取於此）

今次於前三節後而以楚莊王題篇疑出後人掇拾綴緝所致

春秋之道奉天而法古是故雖有巧手弗修規矩不能正方員雖有察耳不吹六律不能定五音雖有知心不覽先王不能平天下然則先王之遺道亦天下之規矩六律已故聖者法天賢者法聖此其大數也得大數而治失大數而亂此治亂之分也所聞天下無二道故聖人異治同理也古今通達故先賢傳其法於後世也春秋之於世事也善復古譏易常欲其法先王也然而介以一言曰王者必改制自僻者得此以爲辭曰古苟可循先王之道何莫相因世迷是

聞以疑正道而信邪言甚可患也荅之曰人有聞諸侯之君射貍首之樂者於是自斷貍首縣而射之曰安在於樂也此聞其名而不知其實者也今所謂新王必改制者非改其道非變其理受命於天易姓更王非繼前王而王也若一因前制修故業而無有所改是與繼前王而王者無以別受命之君天之所大顯也事父者承意事君者儀志事天亦然今天大顯己物襲所代而率與同則不顯不明非天志故必徙居處更稱號改正朔易服色者無他焉不敢不順天志而明自顯也若其大綱人倫道理政治教化習俗

文義盡如故亦何改哉故王者有改制之名無易道之實孔子曰無爲而治者其舜乎言其主堯之道而已此非不易之效與問者曰物改而天授顯矣授別本作受今從何本其必更作樂何也曰樂異乎是制爲應天改之樂爲應人作之彼之所受命者必民之所同樂也受舊本作授訛是故大改制於初所以明天命也更作樂於終所以見天功也緣天下之所新樂而爲之文曲且以和政且以興德天下未偏合和王者不虛作樂樂者盈於內而動發於外者也應其治時制禮作樂以成之成者本末質文皆以具矣是故作樂者必反天

下之所始樂於己以爲本舜時民樂其昭堯之業也故韶韶者昭也禹之時民樂其三聖相繼故夏夏者大也湯之時民樂其救之於患害也之疑當作己故頀頀者救也文王之時民樂其興師征伐也故武武者伐也四者天下同樂之一也其所同樂之端不可一也作樂之法必反本之所樂所樂不同事樂安得不世異是故舜作韶而禹作夏湯作頀而文王作武四樂殊名樂本或作代則各順其民始樂於己也吾見其效矣詩云文王受命有此武功既伐于崇作邑于豐樂之風也又曰王赫斯怒爰整其旅當是時紂爲無道諸

侯大亂民樂文王之怒而詠歌之也周人德已洽人字疑衍天下反本以爲樂謂之大武言民所始樂者武也云爾故凡樂者作之於終而名之以始重本之義也由此觀之正朔服色之改受命應天制禮作樂之異人心之動也二者離而復合所爲一也錢云何氏三科九指之說實本仲舒此已得二科六指尚有一科三指見王道篇或在此

玉杯第二

春秋譏文公以喪取僖以卅三年十二月薨文二年冬公子遂如齊納幣傳曰譏喪取先是元年冬公孫敖如齊何氏亦以爲譏喪取以納幣前尚有納采問名納吉之禮故也難者曰喪之法不過三年三年之喪二十五月今按經文

公乃四十一月方取在四年夏取時無喪出其法也久矣久字錢增何以謂之喪取曰春秋之論事莫重於志今取必納幣納幣之月在喪分故謂之喪取也且文公以秋祫祭以冬納幣皆失於太蚤春秋不譏其前而顧譏其後必以三年之喪肌膚之情也雖從俗而不能終猶宜未平於心今全無悼遠之志反思念取事是春秋之所甚疾也故譏不出三年於首而已譏以喪取也不別先後賤其無人心也緣此以論禮禮之所重者在其志志敬而節具則君子予之知禮志和而音雅則君子予之知樂志哀而居約則君子予之知

喪故曰非虛加之重志之謂也志爲質物爲文文著於質質不居文文安施質質文兩備然後其禮成文質偏行不得有我爾之名俱不能備而偏行之寧有質而無文雖弗予能禮尚少善之介葛盧來是也僖廿九年春介葛盧來以未見公冬又來有文無質非直不予乃少惡之謂州公寔來是也桓五年冬州公如曹六年春正月書寔來傳曰謂州公也曷爲謂之寔來慢之也曷爲慢之化我也何氏云行過無禮謂之化然則春秋之序道也先質而後文右志而左物故曰禮云禮云玉帛云乎哉推而前之亦宜曰朝云朝云辭令云乎哉樂云樂云鐘鼓云乎哉引而後之亦宜曰喪云喪云衣服云乎哉

是故孔子立新王之道明其貴志以反和見其好誠以滅僞其有繼周之弊故若此也

春秋之法以人隨君以君隨天曰緣民臣之心不可一日無君一日不可無君而猶三年稱子者爲君心之未當立也此非以人隨君耶孝子之心三年不當三年不當而踰年卽位者與天數俱終始也此非以君隨天耶見莊卅二年子般卒傳又文九年毛伯來求金傳故屈民而伸君屈君而伸天春秋之大義也

春秋論十二世之事人道浹而王道備法布二百四十二年之中相爲左右以成文采其居參錯非襲古

也是故論春秋者合而通之緣而求之五其比偶其類覽其緒屠其贅是以人道浹而王法立以爲不然今夫天子踰年卽位諸侯於封內三年稱子皆不在經也而操之與在經無以異非無其辨也有所見而經安受其贅也故能以比貫類以辨付贅者大得之矣人受命於天有善善惡惡之性可養而不可改可豫而不可去若形體之可肥臞而不可得革也是故雖有至賢能爲君親含容其惡不能爲君親令無惡書曰厥辟去厥祇大典本厥辟下有不辟二字案此疑非出今太甲事親亦然皆忠孝之極也非至賢安能如是父不父則子不

子君不君則臣不臣耳文公不能服喪不時奉祭文二年作僖公主傳曰譏不時也欲久喪而後不能也不以三年又以喪取取於大夫以卑宗廟四年夏逆婦姜于齊傳曰高子曰取乎大夫者略之也亂其羣祖以逆先公二年八月大事于大廟躋僖公傳曰譏逆祀也小善無一而大惡四五故諸侯弗予盟二年及晉處父盟傳曰諱與大夫盟也命大夫弗為使八年公孫敖如京師不至而復丙戌奔莒傳曰不至復者何內辭也不可使往也是惡惡之徵不臣之效也出侮於外入奪於內無位之君也孔子曰政逮於大夫四世矣蓋自文公以來之謂也

君子知在位者之不能以惡服人也是故簡六藝以

贍養之詩書序其志禮樂純其美易春秋明其知六學皆大而各有所長詩道志故長於質禮制節故長於文樂詠德故長於風書著功故長於事易本天地故長於數春秋正是非故長於治人能兼得其所長而不能偏舉其詳也故人主大節則知闇大博則業厭（大並音泰）二者異失同貶其傷必至不可不察也是故善為師者既美其道有慎其行齊時蚤晚（齊酌齊也與劑同）任多少適疾徐造而勿趨稽而勿苦省其所為而成其所湛（耽同）故力不勞而身大成此之謂聖化吾取之

錢云此節汎論六藝與前後不類不知何篇之文錯簡於此

春秋之好微與其貴志也春秋修本末之義達變故之應通生死之志遂人道之極者也是故君殺賊討則善而書其誅若莫之討則君不書葬而賊不復見矣不書葬以爲無臣子也賊不復見以其宜滅絕也今趙盾弑君四年之後別牘復見盾弑君在宣二年至六年侵陳復見案別牘舊本作別獨今以黃氏日鈔所引校改弑君賊復見者尚有州吁甯喜之屬其餘後雖見殺或不去其官是不唯趙盾一人之復見然則不當云別獨明矣非春秋之常辭也古今之學者異而問之曰是弑君何以復見猶曰賊未討何以書葬何以書葬者不宜書葬也而書葬何以復見者亦不宜復見也而復見二者同貫不得不相若

也盾之復見直以赴問而辨不親弒非不當誅也則亦不得不謂悼公之書葬直以赴問而辨不成弒非不當罪也（昭十九年夏許世子止弒其君買冬葬許悼公傳曰不成于弒也止進藥而藥殺也）若是則春秋之說亂矣豈可法哉故貫比而論是非雖難悉得其義一也今誅盾無傳弗誅無傳以比言之法論也無比而處之誣辭也今視其比皆不當死何以誅之春秋赴問數百應問數千同留經中繙援比類以發其端卒無妄言而得應於傳者今使外賊不可誅故皆復見而問曰此復見何也言莫妄於是何以得應乎故吾以其得應知其問之不妄以其問

之不妄如盾之獄不可不察也夫名爲弑父而實免罪者已有之矣亦有名爲弑君而罪不誅者逆而距之不若徐而味之且吾語盾有本詩云他人有心予忖度之此言物莫無鄰察視其外可以見其內也今按盾事而觀其心愿而不刑合而信之非篡弑之鄰也按盾辭號乎天苟內不誠安能如是是故訓其終始無弑之志（訓順也）挂惡謀者過在不遂去罪在不討賊而已臣之宜爲君討賊也猶子之宜爲父嘗藥也子不嘗藥故加之弑父臣不討賊故加之弑君其義一也所以示天下廢臣子之節其惡之大若此也故

盾之不討賊爲弒君也與止之不嘗藥爲弒父無以異盾不宜誅以此參之問者曰夫謂之弒而有不誅其論難知非蒙之所能見也案蒙舊本訛作董或改作衆皆非也此自卑小之稱當作蒙故赦止之罪以傳明之盾不誅無傳何也曰世亂義廢背上不臣篡弒覆君者多而有明大惡之誅誰言其誅案大惡之誅疑當作大惡之不宜誅脫二字故晉趙盾楚公子比皆不誅之文而弗爲傳弗欲明之心也昭十三年楚公子比自晉歸于楚弒其君虔于乾谿傳曰公子棄疾脅比而立之何氏云言歸者謂其本無弒君而立之意下經書公子棄疾殺公子比傳曰比巳立矣其稱公子何其意不當也問者曰人弒其君重卿在而弗能討者非一國也靈公弒趙盾不在

不在之與在惡有薄厚春秋責在而不討賊者弗繫臣子爾也責不在而不討賊者乃加弑焉何其責厚惡之薄薄惡之厚也曰春秋之道視人所惑爲立說以大明之今趙盾賢而不遂於理皆見其善莫知其罪故因其所賢而加之大惡繫之重責使人湛思而自省悟以反道（湛與沈同　丑林切）曰吁君臣之大義（大字疑衍）父子之道乃至乎此此所由惡薄而責之厚也他國不討賊者諸斗筲之民何足數哉弗繫人數而已此所由惡厚而責薄也傳曰輕爲重重爲輕非是之謂乎故公子比嫌可以立趙盾嫌無臣責許止嫌無子罪

春秋爲人不知惡而恬行不備也是故重累責之以矯枉世而直之矯者不過其正弗能直知此而義畢矣

春秋繁露卷第一

春秋繁露卷第二

竹林第三

春秋之常辭也不予夷狄而予中國爲禮至邲之戰偏然反之何也宣十二年晉荀林父帥師及楚子戰于邲晉師敗績傳曰大夫不敵君此其稱名氏以敵楚子何不與晉而與楚子爲禮也曰春秋無通辭從變而移今晉變而爲夷狄楚變而爲君子故移其辭以從其事夫莊王之舍鄭有可貴之美晉人不知其善而欲擊之所救已解如挑與之戰如而古通用此無善善之心而輕救民之意也是以賤之而不使得與賢者爲禮秦穆侮蹇叔而大敗事見僖卅三年晉人及姜戎敗秦于殽傳鄭文輕衆

而喪師閔二年書鄭棄其師春秋之敬賢重民如是是故戰攻侵伐雖數百起必一二書傷其害所重也一二言次第不遺也舊本俱不作一一問者曰其書戰伐甚謹其惡戰伐無辭何也曰會同之事大者主小戰伐之事後者主先苟不惡何為使起之者居下是其惡戰伐之辭已攷春秋所書戰伐之事不皆以後者為主不知董子何以云然且春秋之法凶年不修舊見莊廿九年新延廏傳意在無苦民爾苦民尚惡之況傷民乎傷民尚痛之況殺民乎故曰凶年修舊則譏造邑則諱是害民之小者惡之小也害民之大者惡之大也今戰伐之於民其為害幾何攷意而觀指則春秋之所

惡者不任德而任力驅民而殘賊之其所好者設而勿用仁義以服之也詩云弛其文德洽此四國禮記孔子閒居亦作弛其文德注弛施也今詩作矢此春秋之所善也夫德不足以親近而文不足以來遠而斷斷以戰伐爲之者此固春秋之所甚疾已皆非義也斷斷本亦作斷斷難者曰春秋之書戰伐也有惡有善也惡詐擊而善偏戰恥伐喪而榮復讎柰何以春秋爲無義戰而盡惡之也曰凡春秋之記災異也雖畝有數莖猶謂之無麥苗也莊七年令天下之大三百年之久戰攻侵伐不可勝數而復讎者有二焉莊四年紀侯大去其國傳曰曷爲不言齊滅之爲襄公諱也復讎也又九

年及齊師戰于乾時我師敗績傳曰內不言敗此其言敗何復讐也何氏云復讐以死敗爲榮故錄之

是何以異於無麥苗之有數莖哉不足以難之故謂之無義戰也以無義戰爲不可則無麥苗亦不可也以無麥苗爲可則無義戰亦可矣若春秋之於偏戰也善其偏不善其戰有以效其然也效驗也春秋愛人而戰者殺人君子奚說善殺其所愛哉故春秋之於偏戰也猶其於諸夏也引之魯則謂之外引之夷狄則謂之內成十五年傳曰春秋內其國而外諸夏內諸夏而外夷狄比之詐戰則謂之義比之不戰則謂之不義故盟不如不盟然而有所謂善盟戰不如不戰然而有所謂善戰不義之

中有義，義之中有不義。辭不能及，皆在於指，非精心達思者，其孰能知之。詩云：「棠棣之華，偏其反而，豈不爾思，室是遠而。」子曰：「未之思也，夫何遠之有。」由是觀之，見其指者，不任其辭。不任其辭，然後可與適道矣。司馬子反爲其君使，廢君命，與敵情，從其所請，與宋平，宣十五年是內專政而外擅名也。專政則輕君，擅名則不臣，而春秋大之，奚由哉？曰：爲其有慘怛之恩，不忍餓一國之民，使之相食。推恩者遠之而大，爲仁者自然而美。今子反出己之心，矜宋之民，無計其間，故大之也。難者曰：春秋之法，卿不憂諸侯，政不在大夫。子反爲楚臣而恤宋民是憂諸侯也不復其君而與敵平是政在大夫也溴梁之盟信在大夫而春秋刺之爲其奪君尊也平在大夫亦奪君尊而春秋大之此所閒也（閒卽上文無計其閒之閒作問者非）且春秋之義臣有惡擅名美（大典本作臣有惡君名美疑當作惡臣擅君名美）故忠臣不顯諫欲其由君出也書曰爾有嘉謀嘉猷入告爾君于內爾乃順之于外曰此謀此猷惟我君之德此爲人臣之法也古之良大夫其事君皆若是今子反去君近而不復莊王可見而不告皆以其解二國之難爲不得已也柰其奪君名美何此所惑也曰春秋之道固有常有

變變用於變常用於常各止其科非相妨也今諸子所稱皆天下之常雷同之義也子反之行一曲之變獨修之義也夫目驚而體失其容心驚而事有所忘人之情也通於驚之情者取其一美不盡其失詩云采葑采菲無以下體此之謂也今子反往視宋聞人相食大驚而哀之不意之至於此也錢云不意下當有宋字是以心駭目動而違常禮禮者庶於仁文質而成體者也今使人相食大失其仁安著其禮方救其質奚恤其文故曰當仁不讓此之謂也春秋之辭有所謂賤者有賤乎賤者夫有賤乎賤者則亦有貴乎貴者矣

今讓者春秋之所貴雖然見人相食驚人相爨救之忘其讓君子之道有貴於讓者也故說春秋者無以平定之常義疑變故之大則義幾可諭矣本或作疑變故之大義則幾可論矣殆非也

春秋記天下之得失而見所以然之故甚幽而明無傳而著不可不察也夫泰山之爲大弗察弗見而況微眇者乎故按春秋而適往事窮其端而視其故得志之君子有喜之人不可不慎也齊頃公親齊桓公之孫國固廣大而地勢便利矣又得霸主之餘尊而志加於諸侯以此之故難使會同而易使驕奢即位

九年未嘗肎一與會同之事有怒魯衛之志而不從諸侯于清丘斷道宣十二年晉宋衛曹同盟于清丘十七年公會晉衛曹邾婁于斷道齊皆不與舊本從字上無不字誤脫耳春往伐魯入其北郊顧返伐衛敗之新築皆在成二年當是時也方乘勝而志廣大國往聘慢而弗敬其使者晉魯俱怒內悉其衆外得黨與衛曹四國相輔大困之鞌獲齊頃公斮逢丑父俱見成二年傳深本頃公之所以大辱身幾亡國爲天下笑其端乃從懾魯勝衛起伐魯魯不敢出擊衛大敗之因得氣而無敵國以興患也故曰得志有喜不可不戒此其效也自是後頃公恐懼不聽聲樂不飲酒食肉內

愛百姓，問疾弔喪，（見成八年傳）外敬諸侯，從會與盟，卒終其身，（成五年會蟲牢，七年盟馬陵，九年盟蒲，齊侯皆與。）家國安寧，是福之本生於憂，而禍起於喜也。嗚呼！物之所由然，其於人切近，可不省邪！

逄丑父殺其身以生其君，何以不得爲知權？丑父欺晉，祭仲許宋，（桓十一年，宋人執鄭祭仲，脅使立突，祭仲權許之，故傳許其知權。案：許宋疑當作詐宋。）俱枉正以存其君，然而丑父之所爲，難於祭仲，祭仲見賢而丑父猶見非，何也？曰：是非難別者在此，此其嫌疑相似而不同理者，不可不察。夫去位而避兄弟者，君子之所甚貴；獲虜逃遁者，君子之所甚賤。

祭仲措其君於人所甚貴以生其君故春秋以爲知權而賢之丑父措其君於人所甚賤以生其君春秋以爲不知權而簡之其俱枉正以存君相似也其使君榮之與使君辱不同理故凡人之有爲也前枉而後義者謂之中權雖不能成春秋善之魯隱公鄭祭仲是也隱元年傳曰隱於是焉而辭立則未知桓之將必得立也且如桓立則恐諸大夫之不能相幼君也故凡隱之立爲桓立也案此亦所謂權也前正而後有枉者謂之邪道雖能成之春秋不愛齊頃公逢丑父是也齊頃公三字疑衍本或作齊景公更訛夫目大辱以生其情無樂故賢人不爲也而衆人疑焉春秋以爲人之不知義而疑也故示

之以義曰國滅君死之正也正也者正於天之爲人性命也天之爲人性命使行仁義而羞可恥非若鳥獸然苟爲生苟爲利而已是故春秋推天施而順人理以至尊爲不可以生於至辱大羞故獲者絶之以至辱爲亦不可以加於至尊大位故雖失位弗君也已反國復在位矣而春秋猶有不君之辭況其溷然方獲而虜邪其於義也非君定矣若非君則丑父何權矣故欺三軍爲大罪於晉其免頃公爲辱宗廟於齊是以雖難而春秋不愛丑父大義宜言於頃公曰君慢侮而怒諸侯是失禮大矣今被大辱而弗能死

是無恥也而復重罪請俱死無辱宗廟無羞社稷如此雖陷其身尚有廉名當此之時死賢於生故君子生以辱不如死以榮正是之謂也由法論之則丑父欺而不中權忠而不中義以爲不然復察春秋春秋之序辭也置王於春正之間非曰（原注猶言豈非）上奉天施而下正人然後可以爲王也云爾今善善惡惡好榮憎辱非人能自生此天施之在人者也君子以天施之在人者聽之則丑父弗忠也天施之在人者使人有廉恥有廉恥者不生於大辱（有廉恥三字於字錢據大典本補）大辱莫甚於去南面之位而束獲爲虜也曾子曰辱若

可避避之而已及其不可避君子視死如歸謂如頃
公者也
春秋曰鄭伐許奚惡於鄭而夷狄之也成三年曰衞侯
遬卒鄭師侵之是伐喪也鄭與諸侯盟于蜀皆在成二年
以盟而歸諸侯何於是伐許是叛盟也以盟即已盟伐許舊本作
鄭伐訛伐喪無義叛盟無信無信無義故大惡之問者
曰是君死其子未踰年有稱伯不子法辭其罪何成四
年三月鄭伯堅卒冬鄭伯伐許是未踰年君即稱伯也曰先王之制有大喪者
三年不呼其門順其志之不在事也書云高宗諒闇
三年不言居喪之義也今縱不能如是柰何其父卒

未踰年卽以喪舉兵也春秋以薄恩且施失其子心故不復得稱子謂之鄭伯以辱之也且其先君襄公伐喪叛盟得罪諸侯諸侯怒之未解惡之未已繼其業者宜務善以覆之今又重之無故居喪以伐人父伐人喪子以喪伐人父加不義於人子施失恩於親以犯中國是父負故惡於前已起大惡於後諸侯果怒而憎之率而俱至本或作卒而俱至者誤謀共擊之鄭乃恐懼去楚而成蟲牢之盟是也楚與中國俠而擊之蟲牢之盟在成五年三傳並作蟲牢舊本作蠱牢者誤六年秋楚子嬰齊率師伐鄭冬晉欒書率師侵鄭是俠擊也俠與夾同鄭罷獘危已終身愁辜辜當讀爲苦吾本其端無

義而敗由輕心然孔子曰道千乘之國敬事而信知其爲得失之大也故敬而慎之今鄭伯既無子恩又不孰計一舉兵不當被患不窮自取之也是以生不得稱子去其義也死不得書葬見其窮也(窮本亦作罪)曰有國者視此行身不放義(放甫往切)興事不審時其何如此爾(句有疑訛)

春秋繁露卷第二

春秋繁露卷第三

玉英第四

謂一元者大始也知元年志者錢疑志字衍大人之所重小人之所輕錢云重政篇首句云唯聖人能屬萬物於一而繫之元也恰似與此處文勢相接疑錯簡在彼至大其貫承意之理矣止當歸此篇是故治國之端在正名名之正興五世五傳之外美惡乃形可謂得其眞矣非子路之所能見錢云是故治國之端至此句疑非此篇之文此處宜說元年春王正月公即位之義即公羊家所謂五始也案二端篇云是故春秋之道以元之深正天之端以天之端正王之政以王之政正諸侯之即位以諸侯之即位正竟內之治五者俱正而化大行凡十句移在此與此處下文適相承接非其位而即之雖受之先君春秋危之宋繆公

是也（隱三年）非其位不受之先君而自卽之（不受二字他本多重）春秋危之吳王僚是也（見襄廿九年傳）雖然苟能行善得衆春秋弗危衞侯晉以立書葬也（隱四年衞人立晉傳曰立者何不宜立也其稱人何衆立之辭也桓十二年卒十三年書葬衞宣公）俱不宜立而宋繆受之先君而危衞宣弗受先君而不危以此見得衆心之爲大安也故齊桓非直弗受之先君也乃率弗宜爲君者而立罪亦重矣（莊九年齊小白入于齊傳曰其言入何篡也）然而知恐懼敬舉賢人而以自覆蓋知不背要盟以自湔浣也遂爲賢君而霸諸侯使齊桓被惡而無此美得免殺滅乃幸已何霸之有魯桓忘其憂而禍逮其身

齊桓憂其憂而立功名推而散之凡人有憂而不知憂者凶有憂而深憂之者吉易曰復自道何其咎此之謂也匹夫之反道以除咎尙難人主之反道以除咎甚易詩云德輶如毛言其易也

公觀魚于棠（隱五年）何惡也凡人之性莫不善義然而不能義者利敗之也故君子終日言不及利欲以勿言愧之而已愧之以塞其源也夫處位動風化者徒言利之名爾猶惡之況求利乎故天王使人求賻求金皆爲大惡而書（求賻在隱三年　求金在文九年）今非直使人也親自求之是爲甚惡譏何故言觀魚猶言觀社也（莊廿三年）

皆諱大惡之辭也

春秋有經禮，有變禮。爲如安性平心者，經禮也。爲疑作謂至有於性雖不安，於心雖不平，於道無以易之，此變禮也。是故昏禮不稱主人，經禮也；辭窮無稱，稱主人，變禮也。隱二年紀履緰來逆女傳曰何以不稱使婚禮不稱主人成八年宋公使公孫壽來納幣則其稱主人何辭窮也辭窮者何無母也天子三年然後稱王，經禮也；有故則未三年而稱王，變禮也。昭廿二年景王崩廿三年經書天王居于狄泉傳曰此未三年其稱天王何著有天子也舊本作有物故物字衍婦人無出境之事，經禮也；母爲子娶婦，奔喪父母，變禮也。僖廿五年宋蕩伯姬來逆婦又卅一年杞伯姬來求婦文九年夫人姜氏如齊又書夫人姜氏至自齊奔喪得禮故致明乎經變之事然後知輕重之分可與適權矣難者曰春秋事同者辭同此四者俱爲變禮而或達於經或不達於經何也曰春秋理百物辨品類別嫌微修本末者也是故星墜謂之隕螽墜謂之雨其所發之處不同或降於天或發於地其辭不可同也今四者俱爲變禮也同而其所發亦不同或發於男或發於女其辭不可同也是或達於常或達於變也

桓之志無王故不書王桓三年春正月無王以後唯十年十八年有王十則數之終十八年則桓公之終也其志欲立故書即位書即位者言其弑君兄也不書王者以言其背天子是故隱不言立桓

不言王者從其志以見其事也從賢之志以達其義從不肖之志以著其惡由此觀之春秋之所善善也所不善亦不善也不可不兩省也

經曰宋督弑其君與夷傳言莊公馮殺之不可及於經何也（桓二年）曰非不可及於經其及之端眇不足以類鉤之故難知也傳曰臧孫許與晉郤克同時而聘乎齊（見成二年傳）按經無有豈不微哉不書其往而有避也今此傳言莊公馮而於經不書亦以有避也（以有舊本倒錢据大典改）是故不書聘乎齊避所羞也不書莊公馮殺避所善也是故讓者春秋之所善宣公不與其子而

與其弟其弟亦不與子而反之兄子雖不中法皆有讓高不可棄也故君子爲之諱不居正之謂避句其後也亂移之宋督以存善志此亦春秋之義善無遺也若直書其篡則宣繆之高滅而善之無所見矣難者曰爲賢者諱皆言之爲宣繆諱獨弗言何也曰不成於賢也其爲善不法不可取亦不可棄棄之則棄善志也取之則害王法故不棄亦不載以意見之而已苟志於仁無惡此之謂也

器從名地從主人之謂制權之端焉不可不察也器從名地從主人見桓二年傳夫權雖反經亦必在可以然之域不在

可以然之域故雖死已終弗爲也公子目夷是也故諸侯父子兄弟不宜立而立者春秋視其國與宜立之君無以異也此皆在可以然之域也至於鄫取乎莒以之爲同居目曰莒人滅鄫見襄六年同居此在疑當作國君不可以然之域也在不大典本作不在故諸侯在不可以然之域者謂之大德大德無踰閑者謂正經諸侯在可以然之域者謂之小德小德出入可也權譎也尚歸之以奉鉅經耳故春秋之道博而要詳而反一也公子目夷復其君終不與國祭仲已與後改之晉荀息死而不聽衛曼姑拒而弗內此四臣事異而同心其義

一也目夷復君見僖廿一年楚人使宜申來獻捷傳祭仲見桓十一年傳荀息寧死不聽里克之言見僖十年傳舊本作不德誤也曼姑拒蒯聵見哀三年傳目夷之弗與重宗廟祭仲與之亦重宗廟荀息死之貴先君之命曼姑拒之亦貴先君之命也事雖相反所爲同俱爲重宗廟貴先君之命耳難者曰公子目夷祭仲之所爲者本或爲下有之字皆存之事君善之可矣荀息曼姑非有此事也而所欲恃者皆不宜立者何以得載乎義曰春秋之法君立不宜立不書大夫立則書書之者弗予大夫之得立不宜立者也不書予君之得立之也君之立不宜立者非也既立之大夫奉之是也荀息曼姑之

所得爲義也此節以器從名地從主人發端疑與下事不相比附或有脫簡未可知也不然將毋謂君之立不宜立者君以爲後臣下孰敢不奉以爲君此卽從名從主人之比乎

難紀季曰春秋之法大夫不得用地又曰公子無去國之義又曰君子不避外難紀季犯此三者何以爲賢賢臣故盜地以下敵棄君以避患乎莊三年紀季以酅入于齊傳曰何以不名賢也服罪也故本亦作冈古通用曰賢者不爲是是故託賢於紀季以見季之弗爲也紀季弗爲而紀侯使之可知矣春秋之書事時詭其實以有避也其書人時易其名以有諱也故詭晉文得志之實以代諱避致王也此亦謂僖廿八年天王狩于河陽事詭莒子號謂之人避隱公也八年

經書公及莒人盟于浮來易慶父之名謂之仲孫閔元年齊仲孫來傳曰公子慶父也曷爲繫之齊外之也變盛謂之成莊八年諱大惡也然則說春
秋者入則詭辭隨其委曲而後得之今紀季受命乎
君而經書專無善一名而文見賢此皆詭辭不可不
察春秋之於所賢也固順其志而一其辭章其義而
褒其美褒舊誤作哀從計臺本改正今紀侯春秋之所貴也是以
聽其入齊之志而詭其服罪之辭也移之紀季故告
糴于齊者實莊公爲之而春秋詭其辭以予臧孫辰
莊廿八年臧孫辰告糴于齊傳曰何以不稱使以君子爲國必有三年之委一年不熟告糴譏也以鄑
入于齊者實紀侯爲之而春秋詭其辭以予紀季所

以詭之不同其實一也難者曰有國家者人欲立之固盡不聽盡疑當作辭國滅君死之正也何賢乎紀侯曰齊將復讎紀侯自知力不加而志距之故謂其弟曰我宗廟之主不可以不死也汝以酅往服罪於齊請以立五廟使我先君歲時有所依歸率一國之衆以衞九世之主襄公逐之不去求之弗予上下同心而俱死之故謂之大去莊四年春秋賢死義且得衆心也故爲諱滅以爲之諱見其賢之也以其賢之也見其中仁義也

精華第五

春秋愼辭謹於名倫等物者也是故小夷言伐而不得言戰大夷言戰而不得言獲中國言獲而不得言執各有辭也小夷言伐如狄伐邢伐鄭之類是也大夷言戰如戰泓戰柏莒之類中國言獲如戰于韓獲晉侯之類僖廿八年晉侯執曹伯執衛侯蓋伯討也有小夷避大夷而不得言戰大夷避中國而不得言獲中國避天子而不得言執名倫弗予嫌於相臣之辭也是故大小不踰等貴賤如其倫義之正也

大雩者何旱祭也桓五年大雩始見經難者曰大旱雩祭而請雨大水鳴鼓而攻社莊廿五年大水鼓用牲于社于門天地之所爲陰陽之所起也或請焉或怒焉者何曰大旱者陽滅

陰也陽滅陰者尊厭卑也固其義也雖大甚拜請之而已敢有加也舊本作無敢有加也案劉昭注續漢志及文獻通考引此皆無無字今從之之大水者陰滅陽也陰滅陽者卑勝尊也日食亦然皆下犯上以賤傷貴者逆節也故鳴鼓而攻之朱絲而脅之爲其不義也此亦春秋之不畏強禦也不畏二字舊本作爲字今亦依劉昭注改正故變天地之位正陰陽之序直行其道而不忘其難義之至也是故脅嚴社而不爲不敬靈出天王而不爲不尊上辭父之命而不爲不承親絕母之屬而不爲不孝慈義矣夫

難者曰春秋之法大夫無遂事僖卅年傳事見下又曰出境

有可以安社稷利國家者則專之可也莊十九年傳事見下又曰大夫以君命出進退在大夫也襄十九年晉士匄侵齊至穀聞齊侯卒乃還傳又曰聞喪徐行而不反也宣八年公子遂如齊至黃乃復傳夫既曰無遂事矣又曰專之可也既曰進退在大夫矣又曰徐行不反也若相悖然是何謂也曰四者各有所處得其處則皆是也失其處則皆非也春秋固有常義又有應變無遂事者謂平生安寧也案說苑安寧作常經專之可也者謂救危除患也進退在大夫者謂將率用兵也徐行不反者謂不以親害尊不以私妨公也此之謂將得其私知其指故公子結受命往媵陳人

之婦于鄄道生事從齊桓盟春秋弗非以爲救莊公之危（莊十九年）公子遂受命使京師道生事之晉春秋非之以爲是時僖公安寧無危（僖卅年舊本下多而救二字）故有危而不專救謂之不忠無危而擅生事是卑君也故此二臣俱生事春秋有是有非其義然也

齊桓挾賢相之能（挾本或作伏非伏乃杖之俗字）用大國之資卽位五年不能致一諸侯於柯之盟見其大信一年而近國之君畢至鄄幽之會是也（莊十三年盟柯十四五年會鄄十六年同盟于幽）其後二十年之閒亦久矣尚未能大合諸侯也至於救邢衞之事見存亡繼絕之義而明年遠國之君

畢至貫澤陽穀之會是也閔元年僖元年救邢僖二年城楚丘是救衛也貫澤之盟江人黃人皆至亦在二年三年會陽穀江黃亦至故曰親近者不以言召遠者不以使此其效也其後矜功振而自足而不修德僖九年葵丘之會傳曰桓公震而矜之叛者九國故楚人滅弦而志弗憂江黃伐陳而不往救滅弦在僖五年伐陳在四年損人之國而執其大夫不救陳之患而責陳不納僖四年齊人執陳轅濤塗因陳人不欲其師反由己國故也不納本或作不離訛不復安鄭而必欲迫之以兵伐鄭在僖六年功未良成而志已滿矣故曰管仲之器小哉此之謂也自是日衰九國叛矣

春秋之聽獄也必本其事而原其志志邪者不待成

首惡者罪特重，本直者其論輕。是故逄丑父當斮，而轅濤塗不宜執；魯季子追慶父，而吳季子釋闔廬。二閔年公子慶父出奔莒，公羊於公薨傳云：緩追逸賊，親親之道也。後慶父欲求入魯，季子不許，於是抗輈經而死。釋闔廬見襄廿九年吳子使札來聘傳。此四者罪同異論，其本殊也。俱欺三軍，或死或不死；俱弒君，或誅或不誅。聽訟折獄，可無審邪！故折獄而是也，理益明，教益行；折獄而非也，此何本或無而字。闇理迷衆，與教相妨。教，政之本也；獄，政之末也。其事異域，其用一也，不可不以相順，故君子重之也。

難晉事者曰：春秋之法，未踰年之君稱子，蓋人心之正也至里克殺奚齊避此正辭而稱君之子何也僖十年曰所聞詩無達詁易無達占本亦作吉春秋無達辭從變從義而一以奉人疑當作奉天仁人錄其同姓之禍固宜異操本或作易操晉春秋之同姓也驪姬一謀而三君死之天下之所共痛也本其所爲爲之者蔽於所欲得位而不見其難也春秋疾其所蔽故去其正辭徒言君之子而已若謂奚齊曰嘻嘻爲大國君之子富貴足矣何以兄之位爲欲居之以至此乎云爾錄所痛之辭也故痛之中有痛無罪而受其死者申生奚齊卓子是也惡之中有惡者已立之已殺之不得如

他臣之弑君者齊公子商人是也文十四年齊公子商人弑其君舍傳曰此未踰年之君也其言弑其君何已立之已殺之成死者而賤生者也故晉禍痛而齊禍重春秋傷痛而敦重是以奪晉子繼位之辭與齊子成君之號詳見之也

古之人有言曰不知來視諸往今春秋之爲學也道往而明來者也然而其辭體天之微故難知也弗能察寂若無寂本或作家與寂同俗本云一作蒙非也能察之無物不在是故爲春秋者得一端而多連之見一空而博貫之則天下盡矣空與孔同魯僖公以亂即位而知親任季子季子無恙之時內無臣下之亂外無諸侯之患行之二

十年國家安寧季子卒之後魯不支鄰國之患直乞師楚耳僖公之情非輒不肖而國衰益危者何也以無季子也以魯人之若是也亦知他國之皆若是也以他國之皆若是亦知天下之皆若是也此之謂連而貫之故天下雖大古今雖久以是定矣以所任賢謂之主尊國安所任非其人謂之主卑國危萬世必然無所疑也其在易曰鼎折足覆公餗夫鼎折足者任非其人也覆公餗者國家傾也是故任非其人而國家不傾者自古至今未嘗聞也故吾按春秋而觀成敗乃切悁悁於前世之興亡也任賢臣者國家之

與也夫知不足以知賢無可柰何矣知之不能任大者以死亡小者以亂危其若是何邪以莊公不知季子賢邪安知病將死召而授以國政見卅二年傳以殤公爲不知孔父賢邪安知孔父死己必死趨而救之見桓二年傳二主知皆足以知賢而不決不能任故魯莊以危宋殤以弑使莊公早用季子而宋殤素任孔父尚將興鄰國豈直免弑哉舊本作豈値弑哉誤此吾所悁悁而悲者也

春秋繁露卷第三

春秋繁露卷第四

王道第六

春秋何貴乎元而言之元者始也言本正也道王道也王者人之始也王正則元氣和順風雨時景星見黃龍下王不正則上變天賊氣竝見五帝三王之治天下不敢有君民之心什一而稅教以愛使以忠敬長老親親而尊尊不奪民時使民不過歲三日民家給人足無怨望忿怒之患强弱之難無讒賊妒疾之人民修德而美好被髮銜哺而游不慕富貴恥惡不犯父不哭子兄不哭弟毒蟲不螫猛獸不搏抵蟲不

觸故天爲之下甘露朱草生醴泉出風雨時嘉禾興鳳凰麒麟遊於郊囹圄空虛畫衣裳而民不犯四夷傳譯而朝民情至朴而不文郊天祀地秩山川以時至封於泰山禪於梁父立明堂宗祀先帝以祖配天天下諸侯各以其職來祭貢土地所有先以入宗廟端冕盛服而後見先德恩之報奉元之應也

桀紂皆聖王之後驕溢妄行侈宮室廣苑囿窮五采之變極飭材之工飭舊本作飾困野獸之足竭山澤之利食類惡之獸案類戾也孔晁注周書史記解昔穀平之君愎類無親如此訓奪民財食高雕文刻鏤之觀盡金玉骨象之工盡本或作畫盛羽

旄之飾，窮白黑之變（窮本或作穀），深刑妄殺以陵下，聽鄭衛之音，充傾宮之志，靈虎兕文采之獸（靈疑即左氏傳葱靈之靈，俗閒本空此字，蓋疑其誤也），以希見之意賞佞賜讒，以糟爲丘，以酒爲池，孤貧不養，殺聖賢而剖其心，生燔人，聞其臭，剔孕婦，見其化，斮朝涉之足，察其拇（拇本或作胕，亦作脛），殺梅伯以爲醢，刑鬼侯之女，取其環，誅求無已，天下空虛，羣臣畏恐，莫敢盡忠，紂愈自賢，周發兵，不期會於孟津之上者八百諸侯，共誅紂，大亡天下，春秋以爲戒，曰蒲社災（蒲本或作亳，或作薄，今依公羊哀四年經，後同）。周衰，天子微弱，諸侯力政，大夫專國，士專邑，不能行度制法文之禮，諸侯背叛莫修貢聘奉獻天子臣弒其君子弒其父孽殺其宗不能統理更相伐銼以廣地銼與剉通以強相脅不能制屬強奄弱衆暴寡富使貧并兼無已臣下上僭不能禁止日爲之食春秋日食三十六星霣如雨莊七年雨螽文三年沙鹿崩僖十四年夏大雨水冬大雨雪隱九年三月癸酉大雨震電庚辰大雨雪此一事在今之正月若大水唯桓十三年在夏餘皆在秋然亦非雨水也冬大雨雪公羊昭四年經有之在周正月然疏云正本皆作雹字左氏僖十年經冬大雨雪公羊作雹疑此正文當作冬大雨雹昭三年冬亦有斯事霣石于宋五六鷁退飛僖十六年霣霜不殺草李梅實僖卅三年正月不雨至于秋七月文十年十三年同又二年自十有二月不雨至于秋七月地震文九年襄十六年昭十九年廿三年哀三年皆同

梁山崩壅河三日不流（成五年）晝晦（成十六年六月甲午晦）彗星見于東方孛于大辰（文十四年有星孛入于北斗昭十七年有星孛于大辰哀十三年有星孛于東方此所舉尚未全）鸛鵒來巢（昭廿五年舊本從左氏作鸛鵒非）春秋異之以此見悖亂之徵孔子明得失差貴賤反王道之本譏天王以致太平刺惡譏微不遺小大善無細而不舉惡無細而不去進善誅惡絕諸本而已矣

天王使宰咺來歸惠公仲子之賵刺不及事也（隱元年）天王伐鄭譏親也（桓五年）會王世子譏微也（僖五年）祭公來逆王后譏失禮也（桓八年）刺家父求車（桓十五年）武氏毛伯求賻金（隱三年求賻文九年求金）王人救衛（莊六年）王師敗于貿

戎成元年天王不養出居于鄭僖廿四年殺母弟襄卅年王室亂不能及外分爲東西周昭廿二年王室亂王猛入于王城傳曰西周也廿六年天王入于成周傳曰東周也無以先天下召衛侯不能致遣子突征衛不能絕衛侯朔得罪于天子天子立公子留五國伐衛納朔莊六年王人子突救衛而朔仍入于衛故云不能絕伐鄭不能從桓五年蔡人衛人陳人從王伐鄭何休曰僅能從微者不能從諸侯無駭滅極不能誅隱二年諸侯得以大亂篡弒無已臣下上偪僭儗天子諸侯強者行威小國破滅晉至三侵周與天王戰于貿戎而大敗之宣元年侵柳昭廿三年圍郊并貿戎爲三戎執凡伯于楚丘以歸隱七年諸侯本怨隨惡發兵相破夷人宗廟社稷不能統理臣子強至弒

其君父法度廢而不復用威武絕而不復行故鄭魯易地（桓元年）晉文再致天子（僖廿八年）齊桓會王世子擅封邢衛杞（齊桓事經皆見前）橫行中國意欲王天下魯舞八佾北祭泰山郊天祀地如天子之爲以此之故弒君三十二（劉向云春秋弒君三十六而此云三十二東觀記及後漢丁鴻傳亦皆同然當以三十六爲合）亡國五十二細惡不絕之所致也

春秋立義天子祭天地諸侯祭社稷諸山川不在封內不祭有天子在諸侯不得專地不得專封不得專執天子之大夫不得舞天子之樂不得致天子之賦不得適天子之貴（適與敵同）君親無將將而誅大夫不得

世大夫不得廢置君命立適以長不以賢立子以貴不以長立夫人以適不以妾天子不臣母后之黨親近以來遠未有不先近而致遠者也故內其國而外諸夏內諸夏而外夷狄言自近者始也

諸侯來朝者得褒邾婁儀父稱字滕薛稱侯荊得人介葛盧得名內出言如諸侯來曰朝大夫來曰聘王道之意也誅惡而不得遺細大但當云不得遺細而此及上文皆兼大言之者文便耳猶言急兼稱緩急言無兼稱有無是也諸侯不得爲匹夫興師見定四年傳不得執天子之大夫執天子之大夫與伐國同罪執凡伯言伐獻八佾諱八言六鄭魯易地諱易言

假晉文再致天子諱致言狩桓公存邢衛杞不見春秋內心予之行法絕而不予止亂之道也非諸侯所當爲也春秋之義臣不討賊非臣也子不復讎非子也故誅趙盾賊不討者不書葬臣子之誅也許世子止不嘗藥而誅爲弒父楚公子比脅而立而不免於死齊桓晉文擅封致天子誅亂繼絕存亡侵伐會同常爲本主曰桓公救中國攘夷狄卒服楚至爲王者事晉文再致天子皆止不誅善其牧諸侯奉獻天子而復周室春秋予之爲伯誅意不誅辭之謂也牧本亦作救

魯隱之代桓立祭仲之出忽立突仇牧孔父荀息之死節公子目夷不與楚國此皆執權存國行正世之義守惓惓之心春秋嘉氣義焉故皆見之復正之謂也夷狄邾婁人牟人葛人爲其天王崩而相朝聘也此其誅也殺世子母弟直稱君明失親親也魯季子之免罪吳季子之讓國明親親之恩也閽殺吳子餘祭見刑人之不可近鄭伯髡原卒于會諱弒痛強臣專君君不得爲善也（髡原他本從左氏作髡頑非今從程本）衛人殺州吁齊人殺無知明君臣之義守國之正也衛人立晉美得衆也君將不言率師重君之義也正月公在楚

臣子思君無一日無君之意也誅受令恩衛葆以正囹圄之平也 案文疑有脫誤 言圍成甲午祠兵以別迫脅之罪誅意之法也作南門 僖廿年 刻桷丹楹 莊廿三 莊廿四年 作雉門及兩觀 定二年 築三臺 莊卅一年築臺于郎于薛于秦 新延廄 莊廿九年 譏驕溢不恤下也故臧孫辰請糴于齊孔子曰君子爲國必有三年之積一年不熟乃請糴失君之職也誅犯始者省刑絕惡疾始也大夫盟于澶淵刺大夫之專政也諸侯會同賢爲主賢賢也春秋紀纖芥之失反之王道追古貴信結言而已不至用牲盟而後成約故曰齊侯衛侯胥命于蒲傳曰古者不盟結言

而退宋伯姬曰婦人夜出傅母不在不下堂曰古者周公東征則西國怨見僖四年傳亦當并引西征則東國怨一句文脫耳桓公曰無貯粟無鄣谷無易樹子無以妾爲妻見僖三年傳宋襄公曰不鼓不成列不阨人莊王曰古者杅不穿皮不蠹則不出君子篤於禮薄於利要其人不要其土告從不赦不祥見宣十二年傳不祥作不詳何氏云善用心曰詳然詳古亦與祥通用或此書自作祥字強不陵弱齊頃公弔死視疾孔父正色而立于朝人莫過而致難乎其君齊國佐不辱君命而尊齊侯此春秋之救文以質也救文以質見天下諸侯所以失其國者亦有焉潞子欲合中國之禮義離乎

夷狄未合乎中國所以亡也吳王夫差行強於越臣人之主妾人之妻卒以自亡宗廟夷社稷滅其可痛也長王投死於戲豈不哀哉晉靈行無禮處臺上彈羣臣枝解宰人而棄之漏陽處父之謀使陽處父死及患趙盾之諫欲殺之卒爲趙盾所弒弒靈公者實趙穿也此云趙盾弒從春秋所書晉獻公行逆理殺世子申生以驪姬立奚齊卓子皆殺死國大亂四世乃定幾爲秦所滅從驪姬起也楚平王行無度殺伍子胥父兄蔡昭公朝之因請其裘昭公不與吳王非之舉兵加楚大敗之君舍乎君室大夫舍大夫室妻楚王之母貪暴之所致

也晉厲公行暴道殺無罪人一朝而殺大臣三人明年臣下畏恐晉國殺之陳侯佗淫乎蔡蔡人殺之古者諸侯出疆必具左右備一師以備不虞今蔡侯恣以身出入民閒至死閭里之庸甚非人君之行也宋閔公矜婦人而心妒與大夫萬博萬譽魯莊公曰天下諸侯宜爲君唯魯侯爾閔公妒其言曰此虜也爾虜焉故 句 魯侯之美惡乎至（此依公羊莊十二年傳文韓詩外傳八作爾虜焉知魯侯之美惡乎爲一句無至字此書舊本至作致餘與外傳同惡當音烏洛切今大典本有至字自當從公羊以故字至字句絕惡音烏）萬怒搏閔公絕脰此以與臣博之過也古者人君立於陰大夫立於陽所以別位明貴

賤今與臣相對而博置婦人在側此君臣無別也故使萬稱他國卑閔公之意閔公籍萬而身與之博下君自置有辱之婦人之房(讀有爲又)俱而矜婦人獨得殺死之道也春秋傳曰大夫不適君遠此逼也(適與敵同)梁內役民無已其民不能堪使民比地爲伍一家亡五家殺刑其民曰先亡者封後亡者刑君者將使民以孝於父母順於長老守丘墓承宗廟世世祀其先今求財不足行罰如將不勝殺戮如屠仇讎其民魚爛則亡(大典本作而止)國中盡空春秋曰梁亡亡者自亡也非人亡之也虞公貪財不顧其難快耳說目受晉之璧

屈產之乘假晉師道還以自滅宗廟破毀社稷不祀身死不葬貪財之所致也故春秋以此見物不空來寶不虛出自內出者無匹不行自外至者無主不止此二句見宣三年傳是論祭天地宗廟之事耳以證虞事殊不倫必有舛誤此其應也楚靈王行強乎陳蔡意廣以武不顧其行慮所美內罷其衆乾谿有物女水盡則女見水滿則不見靈王舉發其國而役三年不罷楚國大怨有行暴意有讀曰又殺無罪臣成然楚國大懣公子棄疾卒令靈王父子自殺而取其國虞不離津澤農不去疇土而民相愛也此非盈意之過耶魯莊公好宮室一年三起臺夫人

內淫兩弟弟兄子父相殺國絕莫繼爲齊所存夫人淫之過也妃匹貴妾可不慎邪此皆內自強從心之敗已見自強之敗尚有正諫而不用卒皆取亡曹羈諫其君曰戎衆以無義君無自適（適與敵同）君不聽果死戎寇（見莊廿四年戎侵曹曹羈出奔陳傳內）伍子胥諫吳王以爲越不可不取吳王不聽至死伍子胥還九年越果大滅吳國秦穆公將襲鄭百里蹇叔諫曰千里而襲人者未有不亡者也穆公不聽師果大敗殽中匹馬隻輪無反者晉假道虞（本或重道字）虞公許之宮之奇諫曰脣亡齒寒虞虢之相救非相賜也君請勿許虞公不聽後

虞果亡於春秋明此存亡道可觀也觀乎蒲社知驕溢之罰觀乎許田知諸侯不得專封觀乎齊桓晉文宋襄楚莊知任賢奉上之功觀乎魯隱祭仲叔武孔父荀息仇牧吴季子公子目夷知忠臣之效觀乎楚公子比知臣子之道效死之義觀乎潞子知無輔自詛之敗詛字訛或是沮字觀乎公在楚知臣子之恩觀乎漏言知忠道之絕觀乎獻六羽知上下之差觀乎宋伯姬知貞婦之信觀乎吴王夫差知強陵弱觀乎晉獻公知逆理近色之過觀乎楚昭王之伐蔡知無義之反觀乎晉厲之妄殺無罪知行暴之報觀乎陳佗宋

閔知妒淫之禍觀乎虞公梁亡知貪財枉法之窮觀乎楚靈知苦民之壞壞猶傷也隱三年日有食之穀梁傳曰吐者外壤食者內壤闕然不見其壤有食之者也一日壤與傷通觀乎魯莊之起臺知驕奢淫泆之失觀乎衛侯朔知不即召之罪觀乎執凡伯知犯上之法觀乎晉郤缺之伐邾婁知臣下作福之誅觀乎公子翬知臣窺君之意觀乎世卿知移權之敗故明王視於冥冥聽於無聲天覆地載天下萬國莫敢不悉靖其職受命者不示臣下以知之至也故道同則不能相先情同則不能相使此其教也由此觀之未有去人君之權能制其勢者也未有貴賤無差能

全其位者也故君子愼之此篇逐便卽言錯雜無次疑出後人所采輯

春秋繁露卷第四

春秋繁露卷第五

滅國上第七 錢云此本一篇不當分

王者民之所往君者不失其羣者也故能使萬民往之而得天下之羣者無敵於天下弑君三十六亡國五十二舊本作失國之君三十一亡國之君五十二誤小國德薄不朝聘大國不與諸侯會聚孤特不相守獨居不同羣遭難莫之救同羣本亦作成羣所以亡也非獨公侯大人如此生天地之間根本微者不可遭大風疾雨立鑠消耗衛侯朔固事齊襄而天下患之虞虢并力晉獻難之晉趙盾一夫之士也無尺寸之土一介之衆也而靈公據

霸主之餘尊而欲誅之窮變極詐詐盡力竭禍大及身推盾之心載小國之位（載本作戴）一孰能亡之哉故伍子胥一夫之士也去楚干闔廬遂得意於楚所託者誠是何可禦邪楚王髡託其國於子玉得臣而天下畏之虞公託其國於宮之奇晉獻患之及髡殺得臣天下輕之虞公不用宮之奇晉獻亡之存亡之端不可不知也諸侯見加以兵逃遁奔走至於滅亡而莫之救（舊本作逃莫之救八字今從大典本）少平生之素行可見也隱代桓立所謂僅存耳使無駭帥師滅極內無諫臣外無諸侯之救載亦由是也宋蔡衛國伐之鄭因其力而

取之載國名事見隱十年公羊經本或從左氏作戴非此無以異於遺重寶於道而莫之守見者掇之也鄧穀失地而朝魯桓鄧穀失地不亦宜乎

滅國下第八

紀侯之所以滅者乃九世之讎也一旦之言危百世之嗣故曰大去衛人侵成鄭入成及齊師圍成三被大兵終滅莫之救所恃者安在齊桓公欲行霸道譚遂違命故滅而奔莒不事大而事小曹伯之所以戰死於位諸侯莫助憂者幽之會齊桓數合諸侯曹小未嘗來也魯大國幽之會莊公不往戎人乃窺兵於

濟西由見魯孤獨而莫之救也此時大夫廢君命專救危者魯莊公二十七年齊桓爲幽之會衛人不來其明年桓公怒而大敗之及伐山戎張旗陳獲以驕諸侯（此與下事皆在莊三十一年）於是魯一年三築臺亂臣比三起於內夷狄之兵仍滅於外衛滅之端以失幽之會亂之本存親內蔽邢未嘗會齊桓也附晉又微晉侯獲於韓而背之淮之會是也齊桓卒豎刀易牙之亂作邢與狄伐其同姓取之其行如此雖爾親庸能親爾乎是君也其滅於同姓衛侯燬滅邢是也齊桓爲幽之會衛不至桓怒而伐之狄滅之桓憂而立之魯

莊爲柯之盟劫汶陽魯經桓立之那杞未嘗朝聘齊桓公見其滅亡諸侯而立之用心如此豈不霸哉故以憂天下與之

隨本消息第九

顔淵死子曰天喪予子路死子曰天祝予西狩獲麟曰吾道窮吾道窮三年身隨而卒階此而觀天命成敗聖人知之有所不能救命矣夫先晉獻之卒齊桓爲葵丘之會再致其集先齊孝未卒一年魯僖乞師取穀晉文之威天子再致先卒一年魯僖公之心分而事齊文公不事晉先齊侯潘卒一年文公如晉衞

侯鄭伯皆不期來齊侯已卒諸侯果會晉大夫于新城魯昭公以事楚之故晉人不入楚國強而得意一年再會諸侯伐強吳爲齊誅亂臣遂滅厲魯得其威以滅鄫其明年如晉無河上之難先晉昭之卒一年無難楚國內亂臣弑君諸侯會于平丘謀誅楚亂臣昭公不得與盟大夫見執吳大敗楚之黨六國于雞父公如晉而大辱春秋爲之諱而言有疾由此觀之所行從不足恃所事者不可不慎此亦存亡榮辱之要也先楚莊王卒之三年（楚莊王亦當作楚子旅）晉滅赤狄潞氏及甲氏留吁先楚子審卒之三年鄭服蕭魚晉侯

周卒一年此六字上下似有訛脫先楚子昭卒之二年舊本作之卒年訛與陳蔡伐鄭而大克其明年楚屈建會諸侯而張中國卒之三年諸夏之君朝于楚楚子卷繼之四年而卒其國不爲侵奪而顧隆盛強大中國不出年餘何也楚子昭蓋諸侯可者也天下之疾其君者皆赴愬而乘之兵四五出常以衆擊少以專擊散義之盡也先卒四五年中國內乖齊晉魯衛之兵分守大國襲小諸夏再會陳儀齊不肎往吳在其南而二君殺中國在其北而齊衛殺其君慶封劫君亂國石惡之徒聚而成羣衛衎據陳儀而爲諼林父據戚而以畔

宋公殺其世子魯大饑中國之行亡國之跡也譬如於文宣之際中國之君五年之中五君殺以晉靈之行使一大夫立於斐林見公羊宣元年春秋本或作棐林案文十三年釋文云斐本又作棐棐是公羊本亦有作棐林者一本作蜚林訛拱揖指撝諸侯莫敢不出此猶隰之有泮也

盟會要第十

至意雖難喻蓋聖人者貴除天下之患貴除天下之患故春秋重而書天下之患偏矣以爲本於見天下之所以致患其意欲以除天下之患何謂哉天下者無患然後性可善性可善然後淸廉之化流淸廉之

化流然後王道舉禮樂興其心在此矣傳曰諸侯相聚而盟君子修國曰此將率爲也哉是以君子以天下爲憂也患乃至於弒君三十六亡國五十二細惡不絕之所致也辭已喻矣故曰立義以明尊卑之分强幹弱枝以明大小之職別嫌疑之行以明正世之義采摭託意以矯失禮善無小而不舉惡無小而不去以純其美別賢不肖以明其尊親近以來遠因其國而容天下名倫等物不失其理公心以是非賞善誅惡而王澤洽始於除患正一而萬物備故曰大矣哉其號兩言而管天下此之謂也

正貫第十一

春秋大義之所本邪六者之科六者之指之謂也然後援天端布流物而貫通其理則事變散其辭矣故志得失之所從生而後差貴賤之所始矣論罪源深淺定法誅然後絕屬之分別矣立義定尊卑之序而後君臣之職明矣載天下之賢方表謙義之所在（天下舊本作定下謙義本亦作兼義）則見復正焉耳幽隱不相踰而近之則密矣而後萬變之應無窮者（變大典本作物）故可施其用於人而不悖其倫矣是以必明其統於施之宜故知其氣矣然後能食其志也知其聲矣而後能扶其精

也知其行矣而後能遂其形也（形舊本作刑）知其物矣然後能別其情也故倡而民和之動而民隨之是知引其天性所好而壓其情之所憎者也如是則言雖約說必布矣事雖小功必大矣聲響盛化運于物散入于理德在天地神明休集並行而不竭盈于四海而訟詠（訟與頌同大典本訟詠作頌聲詠周本同）書曰八音克諧無相奪倫神人以和乃是謂也故明於情性乃可與論爲政不然雖勞無功夙夜是寤思慮惓心猶不能睹故天下有非者三示當中孔子之所謂非尚安知通哉（文訛難讀）

十指第十二

春秋二百四十二年之文天下之大事變之博無不有也雖然大略之要有十指十指者事之所繫也王化之所由得流也舉事變見有重焉一指也見事變之所至者一指也因其所以至者而治之一指也強榦弱枝大本小末一指也別嫌疑異同類一指也論賢才之義別所長之能一指也親近來遠同民所欲一指也承周文而反之質一指也木生火火爲夏天之端一指也切刺譏之所罰考變異之所加天之端一指也舉事變見有重焉則百姓安矣見事變之所至者則得失審矣因其所以至而治之則事之本正

矣強榦弱枝大本小末則君臣之分明矣別嫌疑異同類則是非著矣論賢才之義別所長之能則百官序矣承周文而反之質則化所務立矣親近來遠同民所欲則仁恩達矣木生火火爲夏則陰陽四時之理相受而次矣切刺譏之所罰考變異之所加則天所欲爲行矣統此而舉之仁往而義來德澤廣大衍溢於四海陰陽和調萬物靡不得其理矣說春秋者凡用是矣此其法也

重政第十三

唯聖人能屬萬物於一而繫之元也終不及本所從

來而承之不能遂其功是以春秋變一謂之元元猶原也其義以隨天地終始也故人唯有終始也而生不必應四時之變故元者爲萬物之本而人之元在焉安在乎乃在乎天地之前舊作安在之乃有乎天地之前今從趙校改故人雖生天氣及奉天氣者不得與天元本天元命而其違其所爲也故春正月者承天地之所爲也繼天之所爲而終之也其道相與共功持業安容言乃天地之元奚爲於此惡施於人大其貫承意之理矣惡讀曰烏能說鳥獸之類者非聖人所欲說也聖人所欲說在於說仁義而理之知其分科條別貫

所附明其義之所審勿使嫌疑是乃聖人之所貴而已矣不然傳於衆辭（傳疑當作傳）觀於衆物說不急之言而以惑後進者君子之所甚惡也奚以爲哉聖人思慮不厭晝日繼之以夜然後萬物察者仁義矣由此言之尚自爲得之哉故曰於乎爲人師者可無慎邪夫義出於經經傳大本也棄營勞心也苦志盡情頭白齒落尚不合自錄也哉人始生有大命是其體也有變命存其間者其政也政不齊則人有忿怒之志若將施危難之中而時有隨遭者神明之所接絕屬之符也（絕屬猶言絕續）亦有變其間使之不齊如此不可不

省之省之則重政之本矣撮以爲一進義誅惡絕之本而以其施此與湯武同而有異湯武用之治往故句春秋明得失差貴賤本之天王之所失天下者使諸侯得以大亂之說而後引而反之故曰博而明切而深矣

春秋繁露卷第五

春秋繁露卷第六

服制像第十四

天地之生萬物也以養人故其可食者以養身體其可威者以爲容服禮之所爲興也劍之在左青龍之象也刀之在右白虎之象也韍之在前赤鳥之象也韍即黻蔽膝也舊本訛作鉤今以黃氏日鈔校改冠之在首玄武之象也四者人之盛飾也夫能通古今別然不然乃能服此也案然不即然否下然字疑衍蓋玄武者貌之最嚴有威者也其像在後其服反居首武之至而不用矣聖人之所以超然雖欲從之末由也已此三句必後人妄竄入刪之文義乃得通貫夫執

介冑而後能拒敵者故非聖人之所貴也君子顯之於服而勇武者消其志於貌也矣故文德爲貴而威武爲下此天下之所以永全也於春秋何以言之孔父義形於色而姦臣不敢容邪虞有宮之奇而獻公爲之不寐晉厲之彊中國以寢尸流血不已案中國國中也故武王克殷裨冕而搢笏虎賁之士說劒安在勇猛必任武殺然後威是以君子所服爲上矣故望之儼然者亦已至哉豈可不察乎

二端第十五

春秋至意有二端不本二端之所從起亦未可與論

哉異也小大微著之分也夫覽求微細於無端之處誠知小之將爲大也微之將爲著也吉凶未形聖人所獨立也雖欲從之末由也已此之謂也聖人所獨立也數句與上不相承接又引論語語其爲妄竄益顯然故王者受命改正朔不順數而往必迎來而受之者授受之義也故聖人能繫心於微而致之著也是故春秋之道以元之深正天之端以天之端正王之政以王之政正諸侯之卽位以諸侯之卽位正竟內之治五者俱正而化大行案隱元年公羊傳何休注以元之深作以元之氣疏中引公羊說作深字今故仍之舊本位字上脫卽字又脫以諸侯之卽位正竟內之治十一字則下文五者少其一矣今依何注訂補錢云自是故春秋之道以下似玉

英篇論元年脫文說見前故書日蝕星隕有蜮山崩地震夏大雨水冬大雨雹隕霜不殺草自正月不雨至於秋七月有鸛鵒來巢春秋異之以此見悖亂之徵是小者不得大微者不得著雖甚末亦一端孔子以此效之吾所以貴微重始是也因惡夫推災異之象於前然後圖安危禍亂於後者非春秋之所甚貴也然而春秋舉之以爲一端者亦欲其省天譴而畏天威內動於心志外見於事情修身審己明善心以反道者也豈非貴微重始愼終推效者哉

符瑞第十六

有非力之所能致而自至者西狩獲麟受命之符是也然後託乎春秋正不正之間而明改制之義一統乎天子而加憂於天下之憂也務除天下所患而欲以上通五帝下極三王以通百王之道而隨天之終始博得失之效而攷命象之爲極理以盡情性之宜則天容遂矣百官同望異路一之者在主率之者在相錢云末三句不知何篇之文脫在此

俞序第十七

仲尼之作春秋也上探正天端王公之位萬民之所欲下明得失起賢才以待後聖故引史記理往事正

是非見王公史記十二公之閒皆衰世之事故門人惑孔子曰吾因其行事而加乎王心焉（乎字當如後文作吾）以爲見之空言不如行事博深切明故子貢閔子公肩子言其切而爲國家資也（資本或作賢）其爲切而至於殺君亡國奔走不得保社稷其所以然是皆不明於道不覽於春秋也故衞子夏言有國家者不可不學春秋不學春秋則無以見前後旁側之危則不知國之大柄君之重任也故或脅窮失國揜殺於位一朝至爾苟能述春秋之法致行其道豈徒除禍哉乃堯舜之德也故世子曰功及子孫光輝百世聖人之德莫

美於恕（漢藝文志有世子二十一篇名碩七十子之弟子此所引卽其人也）故子先言春秋詳己而略人因其國而容天下春秋之道大得之則以王小得之則以霸故曾子子石盛美齊侯安諸侯尊天子霸王之道皆本於仁仁天心故次以天心愛人之大者莫大於思患而豫防之故蔡得意於吳魯得意於齊而春秋皆不告故次以言怨人不可邇敵國不可狎攘竊之國不可使久親皆防患爲民除患之意也不愛民之漸乃至於死亡故言楚靈王晉厲公生弒於位不仁之所致也故善宋襄公不厄人不由其道而勝不如由其道而敗春秋貴之將以

變習俗而成王化也故子夏言春秋重人諸譏皆本此或奢侈使人憤怨或暴虐賊害人終皆禍及身故子池言魯莊築臺丹楹刻桷晉厲之刑刻意者皆不得以壽終上奢侈刑又急皆不內恕求備於人故次以春秋緣人情赦小過而傳明之曰君子辭也孔子明得失見成敗疾時世之不仁失王道之體故緣人情赦小過傳又明之曰君子辭也孔子曰吾因行事加吾王心焉假其位號以正人倫因其成敗以明順逆故其所善則桓文行之而遂其所惡則亂國行之終以敗故始言大惡殺君亡國終言赦小過是亦始

於麤粗終於精微別本作麤觕非也今從周本粗音才古切論衡正説篇云略正題目麤粗之説以照篇中微妙之文莊子則陽篇釋文引司馬云鹵莽猶麤粗也亦作麤觕與粗音義同漢書藝文志敘數術云庶得麤觕何休公羊隱元年注用心尚麤觕文二年亦同何休之説即根據於此教化流行德澤大洽天下之人人有士君子之行而少過矣亦譏二名之意也

離合根第十八

天高其位而下其施藏其形而見其光高其位所以爲尊也下其施所以爲仁也藏其形所以爲神見其光所以爲明故位尊而施仁藏神而見光者天之行也故爲人主者法天之行是故内深藏所以爲神外

傅觀所以爲明也任羣賢所以爲受成任羣賢以受成句中疑衍所爲二字乃不自勞於事所以爲尊也汎愛羣生不以喜怒賞罰所以爲仁也故爲人主者以無爲爲道以不私爲寶立無爲之位而乘備具之官足不自動而相者導進口不自言而擯者贊辭心不自慮而羣臣效當故莫見其爲之而功成矣此人主所以法天之行也爲人臣者法地之道暴其形出其情以示人高下險易堅耎剛柔肥臞美惡累可就財也本一無累字財與裁同故其形宜不宜可得而財也爲人臣者比地貴信而悉見其情於主主亦得而財之故王道威而不失爲

人臣常竭情悉力而見其短長（一本作所長）使主上得而器使之而猶地之竭竟其情也故其形宜可得而財也

立元神第十九

君人者國之元發言動作萬物之樞機樞機之發榮辱之端也失之豪釐駟不及追故爲人君者謹本詳始敬小慎微志如死灰形如委衣安精養神寂莫無爲休形無見影揜聲無出響（周本作嚮古通用）虛心下士觀來察往謀於衆賢考求衆人得其心徧見其情察其好惡以參忠佞考其往行驗之於今計其蓄積受於

先賢釋其讎怨視其所爭差其黨族所依爲臬臬本一作宗案宗與爭協韻疑是據位治人用何爲名累日積久何功不成可以內參外可以小占大必知其實是謂開闔君人者國之本也夫爲國其化莫大於崇本崇本則君化若神不崇本則君無以兼人無以兼人雖峻刑重誅而民不從是所謂驅國而棄之者也患孰甚焉何謂本曰天地人萬物之本也天生之地養之人成之天生之以孝悌地養之以衣食人成之以禮樂三者相爲手足合以成體不可一無也無孝悌則亡其所以生無衣食則亡其所以養無禮樂則亡其所以成

也三者皆亡則民如麋鹿各從其欲家自爲俗父不能使子君不能使臣雖有城郭名曰虛邑如此者其君枕塊而僵莫之危而自危莫之喪而自亡是謂自然之罰自然之罰至裹襲石室分障險阻猶不能逃之也明主賢君必於其信是故肅慎三本郊祀致敬共事祖禰舉顯孝悌表異孝行所以奉天本也秉耒躬耕採桑親蠶墾草殖穀開闢以足衣食所以奉地本也立辟廱庠序修孝悌敬讓明以教化（明以化感本倒）以禮樂所以奉人本也三者皆奉則民如子弟不敢自專邦如父母不待恩而愛不須嚴而使雖野居露

宿厚於宫室如是者其君安枕而卧莫之助而自强莫之綏而自安是謂自然之賞自然之賞至雖退讓委國而去百姓繈負其子隨而君之君亦不得離也故以德爲國者甘於飴蜜固於膠漆是以聖賢勉而崇本而不敢失也君人者國之證也（證疑本是徵字宋人避諱改）不可先倡感而後應故居倡之位而不行倡之勢不居和之職而以和爲德常盡其下故能爲之上也

體國之道在於尊神尊者所以奉其政也神者所以就其化也故不尊不畏不神不化夫欲爲尊者在於任賢欲爲神者在於同心賢者備股肱則君尊嚴而

國安同心相承則變化若神莫見其所爲而功德成是謂尊神也

天積衆精以自剛聖人積衆賢以自强天序日月星辰以自光聖人序爵祿以自明天所以剛者非一精之力聖人所以强者非一賢之德也故天道務盛其精聖人務衆其賢盛其精而壹其陽衆其賢而同其心壹其陽然後可以致其神同其心然後可以致其功是以建治之術貴得賢而同心爲人君者其要貴神神者不可得而視也不可得而聽也是故視而不見其形聽而不聞其聲聲之不聞故莫得其響不見

其形故莫得其影莫得其影則無以曲直也莫得其響則無以清濁也無以曲直則其功不可得而敗無以清濁則其名不可得而度也所謂不見其形者非不見其進止之形也言其所以進止不可得而見也所謂不聞其聲者非不聞其號令之聲也言其所以號令不可得而聞也不見不聞是謂冥昏能冥則明能昏則彰能冥能昏是謂神人君貴居冥而明其位處陰而向陽惡人見其情而欲知人之心是故爲人君者執無源之慮行無端之事以不求奪以不問問吾以不求奪則我利矣彼以不出出則彼費矣吾以

不問問則我神矣彼以不對對則彼情矣故終日問之彼不知其所對終日奪之彼不知其所出吾則以明而彼不知其所亡故人臣居陽而爲陰人君居陰而爲陽陰道尚形而露情陽道無端而貴神

保位權第二十

民無所好君無以權也民無所惡君無以畏也無以權無以畏則君無以禁制也無以禁制則比肩齊勢而無以爲貴矣故聖人之治國也因天地之性情孔竅之所利以立尊卑之制以等貴賤之差設官府爵祿利五味盛五色調五聲以誘其耳目自令清濁昭

然殊體榮辱踔然相駁以感動其心案踔疑當作焯務致民令有所好有所好然後可得而勸也故設賞以勸之有所好必有所惡有所惡然後可得而畏也故設罰以畏之既有所勸又有所畏然後可得而制制之者制其所好是以勸賞而不得多也制其所惡是以畏罰而不可過也大典本可作得所好多則作福所惡過則作威作威則君亡權天下相怨作福則君亡德天下相賊故聖人之制民使之有欲不得過節使之敦朴不得無欲無欲有欲各得以足而君道得矣國之所以爲國者德也君之所以爲君者威也故德不可共威

不可分德共則失恩威分則失權失權則君賤失恩則民散民散則國亂君賤則臣叛是故爲人君者固守其德以附其民固執其權以正其臣聲有順逆必有清濁形有善惡必有曲直故聖人聞其聲則別其清濁見其形則異其曲直於濁之中必知其清於清之中必知其濁於曲之中必見其直於直之中必見其曲於聲無細而不取於形無小而不舉不以著蔽微不以衆揜寡各應其事以致其報黑白分明然後民知所去就民知所去就然後可以致治是爲象則爲人君者居無爲之位行不言之教寂而無聲靜而

無形執一無端爲國源泉因國以爲身因臣以爲心以臣言爲聲以臣事爲形有聲必有響有形必有影聲出於內響報於外形立於上影應於下響有清濁影有曲直響所報非一聲也影所應非一形也故爲君虛心靜處聰聽其響明視其影以行賞罰之象以行趙疑以爲其行賞罰也響淸則生淸者榮響濁則生濁者辱影正則生正者進影枉則生枉者絀擥名考質以參其實賞不空施罰不虛出是以羣臣分職而治各敬而事爭進其功顯廣其名而人君得載其中此自然致力之術也聖人由之故功出於臣名歸於君也

春秋繁露卷第七

考功名第二十一

考績之法考其所積也天道積聚衆精以爲光聖人積聚衆善以爲功故日月之明非一精之光也聖人致太平非一善之功也明所從生不可爲源善所從出不可爲端量勢立權因事制義故聖人之爲天下興利也其猶春氣之生草也各因其生小大而量其多少其爲天下除害也若川瀆之寫於海也各順其勢傾側而制於南北（寫舊本作瀉今據黃氏日抄改）故異孔而同歸殊施而鈞德其趣於興利除害一也是以興利之要

在於致之不在於多少除害之要在於去之不在於南北考績絀陟計事除廢有益者謂之公無益者謂之煩擥名責實不得虛言有功者賞有罪者罰功盛者賞顯罪多者罰重不能致功雖有賢名不予之賞官職不廢雖有愚名不加之罰賞罰用於實不用於名賢愚在於質不在於文故是非不能混喜怒不能傾姦軌不能弄萬物各得其冥（本一作眞）則百官勸職爭進其功

考試之法大者緩小者急貴者舒而賤者促諸侯月試其國州伯時試其部四試而一考天子歲試天下

三試而一考前後三考而絀陟命之曰計考試之法合其爵祿幷其秩積其日陳其實計功量罪以多除少以名定實先內弟之（弟古第字下同）其先比二三分以爲上中下以考進退然後外集通名曰進退增減多少有率爲弟九分三三列之亦有上中下以一爲最五爲中九爲殿有餘歸之於中中而上者有得中而下者有負得少者以一益之至於四負多者以四減之至於一皆逆行三四十二而成於計得滿計者絀陟之次次每計各逐其弟以通來數初次再計次次四計各不失故弟而亦滿計絀陟之

初次再計謂上第二也次次四計謂上第三也九年爲一第二得九并去其六爲置三第六六得等爲置二并中者得三盡去之并三三計得六并得一計得六此爲四計也絀者亦然未詳

通國身第二十二

氣之清者爲精人之清者爲賢治身者以積精爲寶治國者以積賢爲道身以心爲本國以君爲主精積於其本則血氣相承受賢積於其主則上下相制使血氣相承受則形體無所苦上下相制使則百官各得其所形體無所苦然後身可得而安也百官各得

其所然後國可得而守也夫欲致精者必虛靜其形欲致賢者必卑謙其身形靜志虛者精氣之所趣也謙尊自卑者仁賢之所事也故治身者務執虛靜以致精治國者務盡卑謙以致賢能致精則合明而壽（本或有仁字疑衍）能致賢則德澤洽而國太平

三代改制質文第二十三

春秋曰王正月傳曰王者孰謂謂文王也曷爲先言王而後言正月王正月也何以謂之王正月曰王者必受命而後王王者必改正朔易服色制禮樂一統於天下所以明易性非繼仁通以己受之於天也王

者受命而王制此月以應變故作科以奉天地故謂之王正月也王者改制作科奈何曰當十二色歷各法而正色逆數三而復（錢云復上脱相字）絀三之前曰五帝帝迭首一色順數五而相復禮樂各以其法象其宜順數四而相復咸作國號遷宮邑易官名制禮作樂故湯受命而王（王舊作正誤）應天變夏作殷號時正白統親夏故虞絀唐謂之帝堯（舊本作故親夏虞今以下文親周故宋之例改轉）以神農爲赤帝（錢云案董子法以三代定三統追前五代爲五帝又追前一代爲九皇凡九代三統移於下則九皇五帝遷於上商爲白統幷夏虞爲三代絀唐爲帝唐爲五帝之末則神農爲五帝之首而庖羲爲九皇此當有推庖羲以爲九皇句文脱耳）作宮邑於下洛之陽

名相官曰尹此下當有作濩樂制質禮以應天說湯之事終又以文王受命而王應天變殷作周號時正赤統親殷故夏云云起爵謂之帝舜爵字訛當作絀虞二字以軒轅爲黃帝推神農以爲九皇作宮邑於豐名相官曰宰作武樂制文禮以奉天武王受命作宮邑於鄗制爵五等作象樂繼文以奉天周公輔成王受命作宮邑於洛陽成文武之制作汋樂以奉天殷湯之後稱邑示天之變反命故天子命無常唯命是德慶故春秋應天作新王之事時正黑統王魯尚黑絀夏親周故宋舊本正字王字互易今改從上文之例親周何休注公羊作新周然以春秋當新王不當更云新周且上文云親夏故虞下文又云親赤統親黑統可證親字之是樂宜親招武故以虞

錄親樂制宮商合伯子男爲一等（樂制疑當作制爵）然則其略說奈何曰三正以黑統初正日月朔于營室斗建寅天統氣始通化物物見萌達其色黑故朝正服黑首服藻黑正路輿質黑馬黑大節綬幘尚黑旗黑大寶玉黑郊牲黑犧牲角卵冠于阼昏禮逆于庭喪禮殯于東階之上祭牲黑牡薦尚肝樂器黑質法不刑有懷任新產（此下一本有者字）是月不殺（是月疑提月即閏月也下同）聽朔廢刑發德具存二王之後也親赤統故日分平明平明朝正正白統奈何曰正白統者歷正日月朔于虛斗建丑天統氣始蛻化物物始芽其色白故朝正

服白首服藻白正路輿質白馬白大節綬幘尙白旗白大寶玉白郊牲白犧牲角繭冠于堂昏禮逆于堂喪事殯于楹柱之閒似當作喪禮殯于兩楹之閒祭牲白牡薦尙肺樂器白質法不刑有身懷任是月不殺聽朔廢刑發德具存二王之後也親黑統故日分鳴晨鳴晨朝正案尙書大傳云殷以雞鳴爲朔下鳴晨舊本倒正赤統奈何曰正赤統者此下文有脫案當云歷正日月朔于牽牛斗建子天統氣始施化物物始動其色赤故朝正服赤首服藻赤正路輿質赤馬赤補四十字據尙書大傳及白虎通之文大節綬幘尙赤旗赤大寶玉赤郊牲騂犧牲角栗冠于房昏禮逆于戶喪禮殯于西階之上祭牲騂牡薦尙心樂器赤質法不

刑有身重懷藏以養微是月不殺聽朔廢刑發德具存二王之後也親白統故日分夜半夜半朝正改正之義奉元而起古之王者受命而王改制稱號正月服色定然後郊告天地及羣神遠追祖禰遠追舊作近遠錢據大典本改然後布天下諸侯廟受以告社稷宗廟山川然後感應一其司三統之變近夷遐方無有生煞者獨中國然而三代改正必以三統天下曰三統五端化四方之本也天始廢始施地必待中是故三代必居中國法天奉本執端要以統天下朝諸侯也是以朝正之義天子純統色衣諸侯統衣纏緣紐大夫士以

冠參近夷以綏遐方各衣其服而朝所以明乎天統之義也其謂統三正者曰正者正也統致其氣萬物皆應而正統正其餘皆正凡歲之要在正月也法正之道正本而末應正內而外應動作舉錯靡不變化隨從可謂法正也故君子曰武王其似正月矣春秋曰杞伯來朝王者之後稱公杞何以稱伯春秋上絀夏下存周以春秋當新王春秋當新王者柰何曰王者之法必正號絀王謂之帝封其後以小國使奉祀之下存二王之後以大國使服其服行其禮樂稱客而朝故同時稱帝者五稱王者三所以昭五端通三

統也五瑞見上文本或作五瑞非是故周人之王尚推神農爲九皇而改號軒轅謂之黃帝舊本缺周字錢補尚上通黃帝舊作皇帝古亦通因存帝顓頊帝嚳帝堯之帝號絀虞而號舜曰帝舜錄五帝以小國下存禹之後於杞存湯之後於宋以方百里爵號公皆使服其服行其禮樂稱先王客而朝春秋作新王之事變周之制當正黑統而殷周爲王者之後絀夏改號禹謂之帝帝下當又有一禹字錄其後以小國故曰絀夏存周以春秋當新王不以杞侯舊脫杞字錢補弗同王者之後也稱子又稱伯何見殊之小國也黃帝之先謚四帝之後謚何也曰帝號必存五句帝

代首天之色號至五而反周人之王軒轅直首天黃號故曰黃帝云帝號尊而謚卑故四帝後謚也帝尊號也錄以小何曰遠者號尊而地小近者號卑而地大親疏之義也故王者有不易者有再而復者有三而復者有四而復者有五而復者有九而復者明此通天地陰陽四時日月星辰山川人倫德侔天地者稱皇帝天祐而子之號稱天子故聖王生則稱天子崩遷則存爲三王絀滅則爲五帝下至附庸絀爲九皇下極其爲民有一謂之三代故雖絕地廟位祝牲猶列于郊號宗于代宗故曰聲名魂魄施于虛極壽

無疆何謂再而復四而復春秋鄭忽何以名春秋曰伯子男一也辭無所貶何以爲一曰周爵五等春秋三等春秋何三等曰王者以制一商一夏一質一文商質者主天夏文者主地春秋者主人故三等也主天法商而王其道佚陽親親而多仁樸故立嗣予子篤母弟妾以子貴昏冠之禮字子以父別眇夫婦對坐而食喪禮別葬祭禮先臊夫妻昭穆別位制爵三等祿士二品制郊宮明堂員其屋高嚴侈員惟祭器員玉厚九分白藻五絲衣制大上首服嚴員鑾（惟字疑衍）輿尊蓋法天列象垂四鸞樂載鼓用錫儛儛溢員（溢當

與俗同先血毛而後用聲正刑多隱親戚多諱戚舊本作戚或作戚蓋古戚字有相近者隸釋載漢夏承碑云君之羣戚又郭仲奇碑云貴戚肅承是其證非文王世子之所謂戚剸也今定爲戚字下同封禪於尚位主地法夏而王其道進陰尊尊而多義節故立嗣與孫篤世子妾不以子稱貴號昏冠之禮字子以母別眇夫婦同坐而食喪禮合葬祭禮先亨古烹字婦從夫爲昭穆制爵五等祿士三品制郊宮明堂方其屋卑汚方祭器方玉厚八分白藻四絲衣制大下首服卑退鸞輿卑法地周象載垂二鸞樂設鼓用纖施儛儛溢方先烹而後用聲正刑天法封壇於下位壇當作禪與禪通下同主天法質而王

其道佚陽親親而多質愛故立嗣子子篤母弟妾以子貴昏冠之禮字子以父別眇夫婦對坐而食喪禮別葬祭禮先嘉疏夫婦昭穆別位制爵三等祿士二品制郊宮明堂內員外橢其屋如倚靡員橢祭器橢玉厚七分舊本橢音妥圓長曰橢一作隋館案鄭康成儀禮注隋方曰篋賈疏云狹而長也又算家有橢圓之術凡非正方正圓通謂之橢白藻三絲衣長前衽首服員轉鸞輿尊蓋備天列象垂四鸞樂程鼓用羽籥儛儛溢橢先用玉聲而後亮正刑多隱親戚多赦封壇於左位主地法文而王其道進陰尊尊而多禮文故立嗣子孫篤世子妾不以子稱貴號昏冠之禮字子以

母別眇夫妻同坐而食喪禮合葬祭禮先秬鬯婦從夫爲昭穆制爵五等祿士三品制郊宮明堂內方外衡其屋習而衡祭器衡同作秩機玉厚六分（秩疑當作旋本亦作佚）白藻三絲衣長後衽首服習而垂流鸞輿卑備地周象載垂二鸞樂縣鼓用萬儛儛溢衡先亨而後用樂正刑天法封壇於左位

四法脩於所故祖於先帝（錢云四法郎夫子所以荅顏淵者王魯故也其前當有脫文）故四法如四時然終而復始窮則反本四法之天施符授聖人王法則性命形乎先祖大昭乎王君故天將授舜主天法商而王祖錫姓爲姚氏至舜形

體大上而員首而明有二童子性長於天文純於孝慈天將授禹主地法夏而王祖錫姓爲姒氏至禹生發於背形體長長足肵疾行先左隨以右勞左佚右也性長於行習地明水天將授湯主天法質而王祖錫姓爲子氏謂契母吞乡鳥卵生契契先發於胷性長於人倫至湯體長專小足左扁而右便勞右佚左也性長於天光質易純仁天將授文王主地法文而王祖錫姓姬氏謂后稷母姜原履天之跡而生后稷后稷長於郃土播田五穀至文王形體博長有四乳而大足性長於地文勢故帝使禹皋論性知殷

讀曰團

之德陽德也故以子爲姓知周之德陰德也故以姬爲姓故殷王改文書始以男舊校云一作以男書子周王以女書姬故天道各以其類動非聖人孰能明之

官制象天第二十四

王者制官三公九卿二十七大夫八十一元士周本作員士下同凡百二十人而列臣備矣吾聞聖王所取儀金天之大經案金字疑是於字訛三起而成四轉而終官制亦然者此其儀與音餘三人而爲一選儀於三月而爲一時也四選而止儀於四時而終也三公者王之所以自持也天以三成之王以三自持立成數以爲植而四

重之其可以無失矣備天數以參事治謹於道之意也此百二十臣者皆先王之所與直道而行也是故天子自參以三公三公自參以九卿九卿自參以三大夫三大夫自參以三士三人爲選者四重自三之道以治天下若天之四重自三之時以終始歲也一陽而三春非自三之時與而天四重之其數同矣天有四時時三月王有四選選三臣是故有孟有仲有季一時之情也情本亦作精下同有上有下有中一選之情也三臣而爲一選四選而止人情盡矣人之材固有四選如天之時固有四變也聖人爲一選君子爲一

選善人爲一選正人爲一選由此而下者不足選也四選之中各有節也是故天選四堤（本一作堪）十二而人變盡矣盡人之變合之天唯聖人者能之所以立王事也何謂天之大經三起而成日三日而成規三旬而成月三月而成時三時而成功寒暑與和三而成物日月與星三而成光天地與人三而成德由此觀之三而一成天之大經也以此爲天制是故禮三讓而成一節官三人而成一選三公爲一選三卿爲一選三大夫爲一選三士爲一選凡四選三臣應天之制凡四時之三月也是故其以三爲選取諸天之經

其以四爲制取諸天之時其以十二臣爲一條取諸歲之度其至十條而止取之天端錢云當作取諸天之端何謂天之端曰天有十端十端而止已天爲一端地爲一端陰爲一端陽爲一端火爲一端金爲一端木爲一端水爲一端土爲一端人爲一端凡十端而畢天之數也天數畢於十王者受十端於天而一條之率每條一端以十二時如天之每終一歲以十二月也十者天之數也十二者歲之度也用歲之度條天之數十二而天數畢是故終十歲而用百二十月條十端亦用百二十臣以率被之皆合於天其率三臣而成

一愼故八十一元士爲二十七愼以持二十七大夫二十七大夫爲九愼以持九卿九卿爲三愼以持三公三公爲一愼以持天子天子積四十愼以爲四選選一愼三臣皆天數也舊本作選十愼誤是故以四選率之則選三十八三四十二百二十八亦天數也以十端四選十端積四十愼愼三臣三四十二百二十八亦天數也以三公之勞率之則公四十八三四十二百二十八亦天數也故散而名之爲百二十臣選而賓之爲十二長所以名之雖多莫若謂之四選十二長然而分别率之皆有所合無不中天數者也求天數

之微莫若於人人之身有四肢每肢有三節三四十二十二節相持而形體立矣天有四時每一時有三月三四十二十二月相受而歲數終矣官有四選每一選有三人三四十二十二臣相參而事治行矣以此見天之數人之形官之制相參相得也人之與天多此類者而皆微忽不可不察也天地之理分一歲之變以爲四時四時亦天之四選已是故春者少陽之選也夏者太陽之選也秋者少陰之選也冬者太陰之選也四選之中各有孟仲季是選之中有選故一歲之中有四時一時之中有三長天之節也人生

於天而體天之節故亦有大小厚薄之變人之氣也先王因人之氣而分其變以爲四選是故三公之位聖人之選也三卿之位君子之選也三大夫之位善人之選也三士之位正直之選也分人之變以爲四選選立三臣如天之分歲之變以爲四時時有三節也天以四時之選與十二節相和而成歲成下舊有就字衍王以四位之選與十二臣相砥礪而致極臣字舊脫今校補道必極於其所至然後能得天地之美也

堯舜不擅移湯武不專殺第二十五

堯舜何緣而得擅移天下哉孝經之語曰事父孝故

事天明事天與父同禮也今父有以重子子不敢擅予他人人心皆然則王者亦天之子也天以天下予堯舜堯舜受命於天而王天下猶子安敢擅以所重受於天者予他人也天有不以予堯舜漸奪之故明爲子道則堯舜之不私傳天下而擅移位也無所疑也儒者以湯武爲至賢大聖也以爲全道究義盡美者故列之堯舜謂之聖王如法則之舊謂之例今改正如典而同今足下以湯武爲不義然則足下之所謂義者何世之王也曰弗知弗知者以天下王爲無義者邪其有義者而足下不知邪則答之以神農應之曰神農

氏之爲天子與天地俱起乎將有所伐乎案自此已下伐字俱疑當作代神農氏有所伐可湯武有所伐獨不可何也且天之生民非爲王也而天立王以爲民也故其德足以安樂民者天予之其惡足以賊害民者天奪之詩云殷士膚敏祼將于京侯服于周天命靡常言天之無常予無常奪也故封太山之上禪梁父之下易姓而王德如堯舜者七十二人王者天之所予也其所伐皆天之所奪也今唯以湯武之伐桀紂爲不義則七十二王亦有伐也推足下之說將以七十二王爲皆不義也故夏無道而殷伐之殷無道而周伐之周

無道而秦伐之秦無道而漢伐之有道伐無道此夫理也所從來久矣寧能至湯武而然邪（能字疑衍）夫非湯武之伐桀紂者亦將非秦之伐周漢之伐秦（本脫此四字今案當有）非徒不知天理又不明人禮禮子爲父隱惡今使伐人者而信不義當爲國諱之豈宜如誹謗者此所謂一言而再過者也君也者掌令者也令行而禁止也今桀紂令天下而不行禁天下而不止安在其能臣天下也果不能臣天下何謂湯武弑

服制第二十六

率得十六萬國三分之（錢云上有脫文此首二句亦與服制無涉）則各度

爵而制服，量祿而用財，飲食有量，衣服有制，宮室有度，畜產人徒有數，舟車甲器有禁。生則有軒冕之服位、貴祿田宅之分，死則有棺椁絞衾壙襲之度（襲疑是壟字）。雖有賢才美體，無其爵，不敢服其服；雖有富家多貲，無其祿，不敢用其財。天子服有文章，不得以燕公以朝；將軍大夫不得以燕，將軍大夫以朝；官吏命士止於帶緣（舊本作天子服有文章夫人不得以燕饗公以廟將軍大夫不得以燕饗以廟將軍大夫以明官吏以命士止於帶緣殊爲訛錯今案文義正之）。散民不敢服雜采，百工商賈不敢服狐貉，刑餘戮民不敢服絲玄纁乘馬，謂之服制。

春秋繁露卷第七

春秋繁露卷第八

度制第二十七舊注一名調均篇

孔子曰不患貧而患不均故有所積重則有所空虛矣大富則驕大貧則憂憂則爲盜驕則爲暴此衆人之情也聖者則於衆人之情見亂之所從生故其制人道而差上下也使富者足以示貴而不至於驕貧者足以養生而不至於憂以此爲度而調均之是以財不匱而上下相安故易治也今世棄其度制而各從其欲欲無所窮而俗得自恣其勢無極大人病不足於上而小民羸瘠於下則富者愈貪利而不肎爲

義貧者日犯禁而不可得止是世之所以難治也孔子曰君子不盡利以遺民詩云彼有遺秉此有不斂穧伊寡婦之利此錯引不依詩之本文故君子仕則不稼田則不漁食時不力珍大夫不坐羊士不坐犬詩曰采葑采菲無以下體德音莫違及爾同死以此防民民猶忘義而爭利以亡其身天不重與有角不得有上齒故已有大者不得有小者天數也夫已有大者又兼小者天不能足之況人乎故明聖者象天所爲爲制度使諸有大奉祿亦皆不得兼小利與民爭利業乃天理也

凡百亂之源皆出嫌疑纖微以漸浸稍長至於大聖人章其疑者別其微者絕其纖者不得嫌以蚤防之聖人之道衆隄防之類也謂之度制謂之禮節故貴賤有等衣服有制朝廷有位鄉黨有序則民有所讓而不敢爭所以一之也舊本而下有民字衍書曰轝服有庸誰敢弗讓敢不敬應此之謂也

凡衣裳之生也爲蓋形煖身也然而染五采飾文章者非以爲益肌膚血氣之情也將以貴貴尊賢而明別上下之倫使教亟行使化易成爲治爲之也若去其度制使人人從其欲快其意以逐無窮是大亂人

倫而靡斯財用也失文采所遂生之意矣上下之倫不別其勢不能相治故苦亂也嗜欲之物無限其數不能相足故苦貧也今欲以亂爲治以貧爲富非反之制度不可古者天子衣文諸侯不以燕大夫衣祿士不以燕庶人衣縵此其大略也衣祿舊本訛以祿今改正

爵國第二十八

春秋曰會宰周公又曰公會齊侯宋公鄭伯許男滕子又曰初獻六羽案此六字疑衍傳曰天子三公稱公王者之後稱公其餘大國稱侯小國稱伯子男凡五等故周爵五等士三品文多而實少春秋三等合伯子男

爲一爵士二品文少而實多春秋曰荆傳曰氏不若人人不若名名不若字凡四等案莊十年傳云州不若國國不若氏氏不若人人不若名名不若字字不若子凡七等此但以人氏名字分得地之多寡故所引不全命曰附庸三代共之然則其地列奈何曰天子邦圻千里公侯百里伯七十里子男五十里附庸字者方三十里名者方二十里人氏者方五十里春秋曰宰周公傳曰天子三公祭伯來傳曰天子大夫宰渠伯糾傳曰下大夫石尚傳曰天子之士也王人傳曰微者謂下士也凡五等春秋曰作三軍傳曰何以書譏何譏爾古者上卿下卿上士下士凡四等小國之大夫與

次國下卿同次國大夫與大國下卿同大國下大夫與天子下士同二十四等祿八差祿下舊本有等字有大功德者受大爵土功德小者受小爵土大材者執大官位小材者受小官位如其能宣治之至也錢云大典本至作主故萬人者曰英千人者曰俊百人者曰傑十人者曰豪豪傑俊英不相陵故治天下如視諸掌上其數何法以然曰天子分左右五等三百六十三人法天一歲之數五時色之象也通佐十上卿與下卿而二百四十人天庭之象也倍諸侯之數也諸侯之外佐四等百二十人法四時六甲之數也通佐五與下而六

十八法日辰之數也佐之必三三而相復何曰時三月而成大辰三而成象諸侯之爵或五何法天地之數也五官亦然然則立置有司分指數奈何曰諸侯大國四軍古之制也其一軍以奉公家也凡口軍三者何舊本三下又有口字當是衍文曰大國十六萬口而立口軍三何以言之曰以井田準數之准之正字爲準而周書文子管子莊子呂覽淮南皆有准字則相沿省文已久矣方里而一井一井而九百畝而立口方里八家一家百畝以食五口上農夫耕百畝食九口次八人次七人次六人次五人多寡相補率百畝而三口方里而二十四口方里者十得二百四十

口方十里爲方里者百得二千四百口方百里爲方里者萬得二十四萬口方百里下舊本有爲方里者千得二萬四千口方千里計十四字係衍文錢校刪法三分而除其一城池郭邑屋室閭巷街路市官府園圃萎圈臺沼椽采萎圈與委巷同椽采疑有誤或當是林麓汙萊之類皆在所除也得良田方十里者六十六與方里六十六定率得十六萬口三分之則各五萬三千三百三十三口爲大口軍三此公侯也天子地方千里爲方百里者百亦三分除其一定得田方百里者六十六與方十里者六十六定率得千六百萬口九分之各得百七十七萬七千七百七十七口爲京口軍九

三京口軍以奉王家故天子立一后一世夫人中左右夫人四姬三良人立一世子三公九卿二十七大夫八十一元士二百四十三下士有七上卿二十一下卿六十三元士百二十九下士王后置一大傅大母似當作置一大傅母次大字衍三伯三丞二十夫人四姬三良人各有師傅世子一人太傅三傅三率三少士入仕宿衞天子者比下士下士者如上士之下數王后御衞者上下御各五人二十夫人中左右夫人四姬上下御各五人三良人各五人世子妃姬及士衞者如公侯之制王后傅上下史五人三伯上下史各五人少

伯史各五人世子太傅上下史各五人少傅亦各五人三率三下率亦各五人三公上下史各五人卿上下史各五人大夫上下史各五人元士上下史各五人上下卿上下士之史上下亦各五人卿大夫元士臣各三人故公侯方百里三分除其一定得田方十里者六十六與方里六十六定率得十六萬口三分之爲大國口軍三而立大國一夫人一世婦左右婦三姬二良人立一世子三卿九大夫二十七上士八十一下士亦有五通大夫立上下士上卿位比天子之元士今八百石下卿六百石上士四百石下士三

百石夫人一傅母三伯三丞世婦左右婦三姬二良人各有師保世子一上傅丞士宿衛公者比公者比上卿者有三人下卿六人比上下士者如上下之數夫人衛御者上下御各五人世婦左右婦上下御各五人二卿御各五人世子上傅上下史各五人丞史各五人三卿九大夫上士史各五人下士史各五人通大夫士上下史各五人卿臣二人此公侯之制也公侯賢者爲州方伯錫斧鉞置虎賁百人故伯七十里七七四十九三分除其一定得田方十里者二十八與方里者六十六定率得十萬九千二百一十二

口爲次國口軍三而立次國一夫人世婦左右婦三良人二孺子立一世子三卿九大夫二十七上士八十一下士與五通大夫五上士十五下士其上卿位比大國之下卿令六百石下卿四百石上士三百石下士二百石夫人一傅母三伯三丞世婦左右婦三良人二御人各有師保世子一上下傅士（上下與後文同本或作下士非）宿衛公者比上卿者三人下卿六人比上下士如上下之數夫人御衛者上下御各五人世婦左右婦上下御各五人二御各五人世子上傅上下史各五人丞史各五人三卿九大夫上下史各五人下士

史各五人通大夫上下史各五人卿臣二人故子男
方五十里五五二十五爲方十里者六十六定率得
四萬口爲小國口軍三而立小國夫人世婦左右婦
三良人二孺子立一世子三卿九大夫二十七上士
八十一下士與五通大夫五上士十五下士其上卿
比次國之下卿今四百石下卿三百石上士二百石
下士百石夫人一傅母三伯三丞世婦左右婦三良
人一御人各有師保世子一上下傅士宿衛公者比
上卿者三人下卿六人夫人御衛者上下御各五人
舊本鋏夫人二字趙校增世婦左右婦上下御各五人二御人各

五人世子上傅上下史各五人三卿九大夫上下史各五人士各五人通大夫上下史亦各五人卿臣二人此周制也春秋合伯子男爲一等故附庸字者地方三十里三三而九三分而除其一定得田方十里者六定率得一萬四千四百口爲口師三而立一宗婦二妾一世子宰丕（丕疑丞）一士一秩士五人宰視子男下卿今三百石宗婦有師保御者三人妾各二人世子一傅士宿衛君者比上卿下卿一人上下各如其數世子傅上下史各五人下良五（三字非誤卽衍）稱名善者地方半字君之地九半三分除其一定得田方

十里者三定率得七千二百口一世子宰今二百石下四半三半二十五（此八字疑誤并疑下有脫文）三分除其一定得田方十里者一與方里者五定率得三千六百口（定下脫率字今補）一世子宰今百石史五人宗婦仕衞世子臣（下疑有脫文）

仁義法第二十九

春秋之所治人與我也所以治人與我者仁與義也以仁安人以義正我故仁之爲言人也義之爲言我也言名以别矣仁之於人義之於我者不可不察也衆人不察乃反以仁自裕而以義設人詭其處而逆

其理鮮不亂矣是故人莫欲亂而大抵常亂凡以闇於人我之分而不省仁義之所在也是故春秋爲仁義法仁之法在愛人不在愛我義之法在正我不在正人我不自正雖能正人弗予爲義人不被其愛雖厚自愛不予爲仁昔者晉靈公殺膳宰以淑飲食彈大夫以娛其意非不厚自愛也然而不得爲淑人者不愛人也質於愛民以下至於鳥獸昆蟲莫不愛不愛奚足謂仁仁者愛人之名也嶲傳無大之之辭自爲追案當有也字僖廿六年齊人侵我西鄙公追齊師至嶲弗及傳曰侈也莊十八年公追戎于濟西傳曰大其爲中國追也又曰大其未至而豫禦之也今案此亦當有公追戎于濟西六字方可接下文

又舊本作鄭與氏同今從公羊去邑則善其所恤遠也兵已加焉乃往救之則弗美未至豫備之則美之兩美之當作大俱善其救害之先也夫救蚤而先之則害無由起而天下無害矣然則觀物之動而先覺其萌絕亂塞害於將然而未形之時春秋之志也其明至矣非堯舜之智知禮之本孰能當此故救害而先知之明也公之所恤遠如春秋美之如與而同詳其美恤遠之意則天地之間然後快其仁矣非三王之德選賢之精孰能如此是以知明先以仁厚遠遠而愈賢近而愈不肖者愛也故王者愛及四夷霸者愛及諸侯安者愛

及封內危者愛及旁側亡者愛及獨身獨身者雖立天子諸侯之位一夫之人耳無臣民之用矣如此者莫之亡而自亡也春秋不言伐梁者而言梁亡蓋愛獨及其身者也故曰仁者愛人不在愛我此其法也義云者非謂正人謂正我雖有亂世枉上莫不欲正人奚謂義昔者楚靈王討陳蔡之賊齊桓公執袁濤塗之罪非不能正人也然而春秋弗予不得爲義者我不正也闔廬能正楚蔡之難矣而春秋奪之義辭以其身不正也潞子之於諸侯無所能正春秋予之有義其身正也趨而利也此本或無此四字故曰義在正我不

在正人此其法也夫我無之求諸人我有之而誹諸人（誹本亦作非下同）人之所不能受也其理逆矣何可謂義義者謂宜在我者宜在我者而後可以稱義故言義者合我與宜以爲一言以此操之義之爲言我也故曰有爲而得義者謂之自得有爲而失義者謂之自失人好義者謂之自好人不好義者謂之不自好以此參之義我也明矣是義與仁殊仁謂往義謂來仁大遠義大近愛在人謂之仁義在我謂之義仁主人義主我也故曰仁者人也義者我也此之謂也君子求仁義之別以紀人我之閒然後辨乎內外之分而

著於順逆之處也是故内治反理以正身據禮以勸福外治推恩以廣施寛制以容衆孔子謂冉子曰治民者先富之而後加教語樊遲曰治身者先難後獲以此之謂治身之與治民所先後者不同焉矣詩云飲之食之教之誨之先飲食而後教誨謂治人也又曰坎坎伐輻彼君子兮不素餐兮先其事後其食謂治身也春秋刺上之過而矜下之苦小惡在外弗舉在我書而誹之凡此六者以仁治人義治我躬自厚而薄責於外此之謂也且論已見之而人不察曰君子攻其惡不攻人之惡不攻人之惡非仁之寛歟自

攻其惡非義之全歟此謂之仁造人義造我何以異乎故自稱其惡謂之情稱人之惡謂之賊求諸己謂之厚求諸人謂之薄自責以備謂之明責人以備謂之惑是故以自治之節治人是居上不寬也以治人之度自治是爲禮不敬也爲禮不敬則傷行而民弗尊居上不寬則傷厚而民弗親弗親則弗信弗尊則弗敬二端之政詭於上而僻行之則誹於下（而僻行以下八字趙疑當作僻之行口於下則非）仁義之處可無論乎夫目不視弗見心弗論不得雖有天下之至味弗嚼弗知其旨也雖有聖人之至道弗論不知其義也

必仁且知第三十

莫近於仁莫急於智不仁而有勇力材能則狂而操利兵也不智而辯慧獧給則迷而乘良馬也故不仁不智而有材能將以其材能以輔其邪狂之心而贊其僻違之行大以字衍邪狂疑當作邪枉適足以大其非而甚其惡耳其強足以覆過其禦足以犯詐其慧足以惑愚其辯足以飾非其堅足以斷辟其嚴足以拒諫此非無材能也其施之不當而處之不義也有否心者不可藉便埶其質愚者不與利器論之所謂不知人也者恐不知別此等也仁而不智則愛而不別也智而

不仁則知而不爲也故仁者所以愛人類也智者所以除其害也

何謂仁仁者憯怛愛人謹翕不爭好惡敦倫無傷惡之心無隱忌之志無嫉妒之氣無感愁之欲無險詖之事無辟違之行故其心舒其志平其氣和其欲節其事易其行道故能平易和理而無爭也如此者謂之仁

何謂之智先言而後當凡人欲舍行爲皆以其知先規而後爲之其規是者其所爲得其所事當其行遂其名榮其身故利而無患福及子孫德加萬民湯武

是也其規非者其所爲不得其所事不當其行不遂其名辱害及其身絕世無復殘類滅宗亡國是也故曰莫急於智智者見禍福遠其知利害蚤物動而知其化事興而知其歸見始而知其終言之而無敢譁立之而不可廢取之而不可舍前後不相悖終始有類思之而有復及之而不可厭其言寡而足約而喻簡而達省而具少而不可益多而不可損其動中倫其言當務如是者謂之智

其大略之類天地之物有不常之變者謂之異小者謂之災災常先至而異乃隨之災者天之譴也異者

天之威也譴之而不知乃畏之以威詩云畏天之威殆此謂也凡災異之本盡生於國家之失國家之失乃始萌芽而天出災害以譴告之譴告之而不知變乃見怪異以驚駭之驚駭之尚不知畏恐其殃咎乃至以此見天意之仁而不欲陷人也謹按災異以見天意天意有欲也有不欲也所欲所不欲者人內以自省宜有懲於心外以觀其事宜有驗於國故見天意者之於災異也畏之而不惡也以爲天欲振吾過救吾失故以此報我也報舊本作救訛春秋之法上變古易常應是而有天災者謂幸國孔子曰天之所幸有爲

不善而屢極文似不了楚莊王以天不見災地不見孽則禱之於山川曰天其將亡予邪不說吾過極吾罪也楚莊王以四字舊本作且莊王曰訛今改正以此觀之天災之應過而至也異之顯明可畏也此乃天之所欲救也春秋之所獨幸也莊王所以禱而請也聖主賢君尚樂受忠臣之諫而況受天譴也錢云後一段疑本在二端篇脫在此

春秋繁露卷第八

春秋繁露卷第九

身之養重於義第三十一

天之生人也使人生義與利（使人本或作使之）利以養其體義以養其心心不得義不能樂體不得利不能安義者心之養也利者體之養也體莫貴於心故養莫重於義義之養生人大於利奚以知之今人大有義而甚無利雖貧與賤尚榮其行（榮俗閒本多作容以錢據計臺本校正）以自好而樂生原憲曾閔之屬是也人甚有利而大無義雖甚富（疑當有且貴二字）則羞辱大惡惡深禍患重非立死其罪者即旋傷殃憂爾（案數語疑有脫字）莫能以樂生而終

其身刑戮夭折之民是也夫人有義者雖貧能自樂也而大無義者雖富莫能自存吾以此實義之養生人大於利而厚於財也民不能知而常反之皆忘義而殉利去理而走邪以賊其身而禍其家此非其自為計不忠也則其知之所不能明也今握棗與錯金以示嬰兒必取棗而不取金也握一斤金與千萬之珠以示野人野人必取金而不取珠也千萬之珠謂其賈直千萬也本或無之字者非故物之於人小者易知也其於大者難見也今利之於人小而義之於人大者無怪民之皆趨利而不趨義也固其所闇也聖人事明義以炤燿其

所闇故民不陷詩云示我顯德行此之謂也先王顯德以示民民樂而歌之以爲詩說而化之以爲俗故不令而自行不禁而自止從上之意不待使之若自然矣故曰聖人天地動四時化者非有他也其見義大故能動動故能化化故能大行化大行故法不犯法不犯故刑不用刑不用則堯舜之功德此大治之道也先聖傳授而復也故孔子曰誰能出不由戶何莫由斯道也今不示顯德行民闇於義不能炤迷於道不能解因欲大嚴憯以必正之直殘賊天民而薄主德耳其勢不行仲尼曰國有道雖加刑無刑也國

無道雖殺之不可勝也其所謂有道無道者示之以顯德行與不示爾

對膠西王越大夫不得爲仁第三十二（本傳作江都王）

命令相曰（命令疑是令問）大夫蠡大夫種大夫庸大夫臯大夫車成（臯即臯字謂臯如也車成即苦成）越王與此五大夫謀伐吳遂滅之雪會稽之耻卒爲霸主范蠡去之種死之寡人以此二大夫者爲皆賢孔子曰殷有三仁今以越王之賢與蠡種之能此三人者寡人亦以爲越有三仁其於君何如（本傳以泄庸與種蠡爲三仁）桓公決疑於管仲寡人決疑於君仲舒伏地再拜對曰仲舒知褊而學淺

不足以徙之雖然王有問於臣臣不敢不悉以對禮也王舊本訛作主案春秋時大夫稱主仲舒必不對王稱主臣仲舒聞昔者魯君問於柳下惠曰我欲攻齊何如柳下惠對曰不可退而有憂色曰吾聞之也謀伐國者不問於仁人也此何爲至於我但見問而尙羞之而況乃與爲詐以伐吳乎其不宜明矣以此觀之越本無一仁而安得三仁仁人者正其道不謀其利修其理不急其功漢書作正其誼不謀其利明其道不計其功致無爲而習俗大化可謂仁聖矣三王是也春秋之義貴信而賤詐詐人而勝之雖有功君子弗爲也是以仲尼之門五尺之童子言羞稱

五伯爲其詐以成功苟爲而已也故不足稱於大君子之門五伯者比於他諸侯爲賢者比於仁賢何賢之有譬猶珷玞比於美玉也仁賢本或作聖賢珷玞漢書作武夫臣仲舒伏地再拜以聞

觀德第三十三

天地者萬物之本先祖之所出也廣大無極其德昭明歷年衆多永永無疆天出至明衆知類也知本或作之其伏無不炤也地出至晦星日爲明不敢闇君臣父子夫婦之道取之此大禮之終也臣子三年不敢當雖當之必稱先君必稱先人不敢貪至尊也百禮之

貴皆編於月月編於時時編於君君編於天天之所棄天子弗祐桀紂是也天子之所誅絕臣子弗得立蔡世子逢丑父是也襄卅年蔡世子般弒其君固至冬滅蔡執蔡世子有以歸用之傳曰此未踰年之君也其稱世子何不君靈公不成其子也靈公卽般也逢丑父事在成二年已詳第二卷中昭十一年夏楚子虔誘般殺之王父父所絕子孫不得屬魯莊公之不得念母衛輒之辭父命是也莊元年三月夫人孫于齊傳曰不與念母也哀三年齊國夏衛石曼姑帥師圍戚傳曰不以父命辭王父命故受命而海內順之猶衆星之共北辰流水之宗滄海也況生天地之閒法太祖先人之容貌則其至德取象衆名尊貴本一作尊賢是以聖人爲貴也泰伯至德之侔天地也

上帝爲之廢適易姓而子之讓其至德海內懷歸之泰伯三讓而不敢就位伯邑考知羣心貳自引而激順神明也自泰伯至德以下至此文參錯難曉至德以受命豪英高明之人輻湊歸之高者列爲公侯下至卿大夫濟濟乎哉皆以德序是故故字各本無大典有文勢似亦難貫吳魯同姓也鍾離之會不得序而稱君殊魯而會之爲其夷狄之行也成十五年叔孫僑如會晉士燮以下會吳于鍾離傳曰曷爲殊會吳外吳也雞父之戰吳不得與中國爲禮昭廿三年七月戊辰吳敗頓胡沈蔡陳許之師于雞父傳曰曷爲以詐戰之辭言之不與夷狄之主中國也然則此爲禮當作爲主至於伯莒黃池之行變而反道乃爵而不殊定四年蔡侯以吳子及楚人戰于伯莒傳曰吳何以

稱子夷狄也而憂中國又哀十三年公會晉侯及吳子于黃池傳曰吳何以稱子吳主會也召陵之會魯君在是而不得爲主避齊桓也僖四年楚屈完來盟于師盟于召陵傳曰其言來何與桓爲主也魯桓即位十三年齊宋衛燕舉師而東紀鄭與魯勠力而報之後其日以魯不得偏避紀侯與鄭厲公也經於公會紀侯鄭伯之下書己巳之戰傳曰曷爲後日恃外也舊本訛作後其己今改正春秋常辭夷狄不得與中國爲禮至郯之戰夷狄反背中國不得與夷狄爲禮避楚莊也在宣十二年詳見竹林篇此文反背疑當作反道邢衛魯之同姓也狄人滅之春秋爲諱避齊桓也僖元年齊師宋師曹師次于聶北救邢傳曰不及事也邢巳巳矣孰亡之蓋狄滅之曷爲不言狄滅之爲桓公諱也又二年城楚丘傳曰城衛也曷爲不言城衛滅也文

大略與上同舊本作春秋不爲諱衍不字今刪當其如此也唯德是親其皆先其親是故周之子孫其親等也而文王最先四時等也而春最先十二月等也而正月最先德等也則先親親魯十二公等也而定哀最尊衛俱諸夏也善稻之會獨先內之爲其與我同姓也襄五年仲孫蔑衛孫林父會吳于善稻無傳蔑不殊林父所謂內之也而何氏以爲見使于晉卑故不殊失之矣吳俱夷狄也柤之會獨先內之爲其與我同姓也襄十年公會晉侯以下會吳于柤無傳滅國十五有餘獨先諸夏魯晉俱諸夏也譏二名獨先及之定六年季孫斯仲孫忌帥師圍運傳曰此仲孫何忌也曷爲謂之仲孫忌譏二名二名非禮也又哀十三年晉魏多帥師侵衛傳曰此晉魏曼多也曷爲謂之晉魏多譏二名舊本

魯作曹誤盛伯郜子俱當絕而獨不名爲其與我同姓兄弟也莊八年師及齊師圍成成降于齊師傳曰盛也盛則曷爲謂之成諱滅同姓也文十二年盛伯來奔傳曰盛伯者何失地之君也何以不名兄弟辭也又僖廿年郜子來朝傳亦與上同外出者衆以母弟出獨大惡之爲其亡母背骨肉也昭元年秦伯之弟鍼出奔晉傳曰仕諸晉也有千乘之國而不能容其母弟故君子謂之出奔也又定十年宋公之弟辰暨宋仲佗石彄出奔陳無傳滅人者莫絕衛侯燬滅同姓獨絕賤其本祖而忘先也僖廿五年衛侯燬滅邢傳曰何以名滅同姓也親等從近者始立適以長母以子貴先下有脫文甲戌己丑陳侯鮑卒書所見也而不言其闇者在桓五年隕石于宋五六鷁退飛耳聞而記目見而書或徐或察皆以其先接於

我者序之在僖十六年其於會朝聘之禮亦猶是諸侯與盟者衆矣而儀父獨漸進隱元年公及邾婁儀父盟于眜傳曰儀父者字也褒之也爲其與公盟也鄭僖公方來會我而道殺春秋致其意謂之如會襄七年公會晉侯以下于鄬鄭伯髡原如會未見諸侯丙戌卒于操傳曰未見諸侯言如會致其意也潞子離狄而歸黨以得亡春秋謂之子以領其意宣十五年晉師滅赤狄潞氏以潞子嬰兒歸傳曰離于夷狄而未能合于中國晉師伐之中國不救狄人不有是以亡也包來首戴洮踐土與操之會陳鄭去我謂之逃歸操之會卽襄七年會鄬之事時陳侯逃歸陳哀公溺也又僖五年公及齊侯以下會王世子于首戴鄭伯逃歸不盟傳曰不可使盟也何氏云安居會上不肎從桓公盟此鄭伯乃文公捷也鄭處而不來謂之乞盟僖八年公會王人齊侯以下盟于洮鄭伯乞盟傳曰處其

所而請與也陳侯後至謂之如會僖廿八年公會晉侯以下盟于踐土陳侯如會傳曰後會也莒人疑我貶而稱人隱八年公及莒人盟于包來傳曰公曷為與微者盟稱人則從不疑也諸侯朝魯者衆矣而滕薛獨稱侯在隱十一年州公化我奪爵而無號在桓六年詳見玉杯篇吳楚國先聘我者見賢襄廿九年吳子使札來聘傳曰吳何以有君有大夫賢季子也又莊廿三年荊人來聘傳曰荊何以稱人始能聘也曲棘與鞌之戰先憂我者見尊昭廿五年宋公佐卒于曲棘傳曰諸侯卒其封內不地此何以地憂內也憂魯昭公見逐而欲納之也又成二年鞌之戰有曹公子手傳曰曹無大夫公子手何以書憂內也

奉本第三十四

禮者繼天地體陰陽而慎主客舊本作至容誤序尊卑貴賤

大小之位而差外內遠近新故之級者也以德多爲象萬物以廣博衆多歷年久者爲象其在天而象天者莫大日月繼天地之光明莫不照也星莫大於大辰北斗常星部星三百衞星三千大火二十六星伐十三星北斗七星常星九辭二十八宿多者宿二十八九（九辭不可曉幷疑下有脫文衍文）其猶蓍百莖而共一本龜千歲而人寶（而下當本有爲字）是以三代傳決疑焉其得地體者莫如山阜人之得天得衆者莫如受命之天子下至公侯伯子男海內之心懸於天子疆內之民統於諸侯日月食竝告凶不以其行有星茀于東方于大

辰入北斗常星不見地震梁山沙鹿崩宋衞陳鄭災王公大夫篡殺春秋皆書以爲大異不言衆星之茀入霣雨原隰之襲崩一國之小民死亡不决疑於衆草木也唯田邑之稱多著主名昭元年晉荀吳帥師敗狄于大原傳曰此大鹵也曷爲謂之大原地物從中國邑人名從主人君將不言臣臣不言師隱五年衞師入盛傳曰將尊師衆稱某率師將尊師少稱將將卑師衆稱師將卑師少稱人君將不言率師書其重者也王夷君獲不言師敗成十六年晉侯及楚子鄭伯戰于鄢陵楚子鄭師敗績傳曰楚何以不稱師王痍也末無爾言無取於言師敗績也又僖十五年晉侯及秦伯戰于韓獲晉侯傳曰君獲不言師敗績也孔子曰唯天爲大唯堯則之者大也巍巍乎其有成功也言其尊大以成功也齊桓晉

文不尊周室不能霸三代聖人不則天地不能至王句階大典作自此而觀之可以知天地之貴矣夫流深者其水不測尊至者其敬無窮是故天之所加雖爲災害猶承而大之其欽無窮震夷伯之廟是也僖十五年天無錯舛之災地有震動之異天子所誅絕所敗師雖不中道而春秋者不敢闕謹之也故師出者衆矣莫言還至師及齊師圍成成降于齊師獨言還其君劫外不得已故可直言也莊八年傳曰還者何善辭也此滅同姓何善爾病之也曰師病矣曷爲病之非師之罪也至於他師皆其君之過也而曰非師之罪是臣子之不爲君父受罪罪不臣子莫大焉夫

至明者其照無疆至晦者其闇無疆今春秋緣魯以言王義說公羊者相承有此言故何氏隱元年注云春秋託新王受命于魯殺隱桓以爲遠祖宗定哀以爲考妣至尊且高至顯且明其基壤之所加潤澤之所被條條無疆前是常數十年鄰之幽人近其墓而高明文訛不可曉大國齊宋離不言會桓五年齊侯鄭伯如紀傳曰外相如不書此何以書離不言會也案此在所傳聞之世而下文即言所見之世文不相蒙疑有脫文此齊宋當作齊鄭微國之君卒葬之禮錄而辭繁小國卒葬在哀公時者皆卒日葬月遠夷之君內而不外哀四年書戎曼子十三年書哭子皆進至於爵當此之時魯無鄙疆諸侯之伐哀者皆言我哀八年書吳伐我十一年書齊國書帥師伐我正以莊十九年書齊人等伐我西鄙而此不言

鄙故也鄙字句彊字屬下讀本或作疆非邾婁庶其鼻我邾婁大夫其於我無以親以近之故乃得顯明襄廿一年邾婁庶其以漆閭丘來奔廿三年邾婁鼻我來奔昭廿七年邾婁快來奔其漆閭丘傳曰重地也下兩傳乃云以近書疑庶其衍文鼻我下當有快字無親疑當作無親以隱桓親春秋之先人也益師卒而不日隱元年于稷之會言其成宋亂以通外也稷會在桓二年書以成宋亂舊本于稷之會下有不日二字因上而誤衍也又脫成宋二字今訂補益師不日見臣恩之薄厚此斥言成亂見君恩之薄厚故二事相比也傳曰遠也此通外疑亦當作遠外黃池之會以兩伯之辭言不以為外以近內也哀十三年公會晉侯及吳子于黃池傳曰會兩伯之辭也

春秋繁露卷第十

深察名號第三十五

治天下之端在審辨大辨大之端在深察名號名者大理之首章也錄其首章之意以窺其中之事則是非可知逆順自著其幾通於天地矣是非之正取之逆順逆順之正取之名號名號之正取之天地天地為名號之大義也古之聖人謞而效天地謂之號謞舊音火角切案集韻許教切大嗥也莊子齊物論激者謞者釋文云謞音孝李軌虛交反此與效號聲相諧則當從釋文集韻所音為得之鳴而施命謂之名施命舊本倒作命施非名之為言鳴與命也號之為言謞而效也謞而效天地者

爲號鳴而命者爲名名號異聲而同本皆鳴號而達天意者也鳴號之號平聲亦疑本是謞字天不言使人發其意弗爲使人行其中名則聖人所發天意句不可不深觀也受命之君天意之所予也故號爲天子者宜視天如父事天以孝道也號爲諸侯者宜謹視所候奉之天子也號爲大夫者宜厚其忠信敦其禮義使善大於匹夫之義足以化也士者事也民者瞑也士不及化可使守事從上而已五號自讚各有分分中委曲曲有名名衆於號號其大全名也者名其別離分散也號凡而略名詳而目目者偏辨其事也凡者獨舉其

大也享鬼神者號一曰祭祭之散名春曰祠夏曰礿秋曰嘗冬曰烝獵禽獸者號一曰田田之散名春苗秋蒐冬狩夏獮案此從公羊說故與周禮左氏傳爾雅異然公羊桓四年傳並無夏獮之文何休云不以夏田者春秋制也以爲飛鳥未去於巢走獸未離於穴恐傷害於幼穉故於苑囿中取之則此夏獮二字當是後人妄加以爲衍文可也無有不皆中天意者物莫不有凡號號莫不有散名如是句是故事各順於名名各順於天天人之際合而爲一同而通理動而相益順而相受謂之德道詩曰維號斯言有倫有迹此之謂也今詩作有倫有脊

深察王號之大意其中有五科皇科方科匡科黃科

往科合此五科以一言謂之王王者皇也王者方也王者匡也王者黃也王者往也是故王意不普大而皇則道不能正直而方道不能正直而方則德不能匡運周徧德不能匡運周徧則美不能黃美不能黃則四方不能往四方不能往則不全於王故曰天覆無外地載兼愛風行令而一其威雨布施而均其德王術之謂也兼愛本亦作兼受謂地能持載又能容納義亦可通

深察君號之大意其中亦有五科元科原科權科溫科羣科合此五科以一言謂之君君者元也君者原也君者權也君者溫也君者羣也是故君意不比於

元則動而失本動而失本則所爲不立所爲不立則
不效於原不效於原則自委舍自委舍則化不行（委舍
卽委卸也）用權於變則失中適之宜失中適之宜則道不
平德不溫道不平德不溫則衆不親安衆不親安則
離散不羣離散不羣則不全於君（用權於變上有脫文）
名生於眞非其眞弗以爲名名者聖人之所以眞物
也名之爲言眞也故凡百譏有黮黮者各反其眞則
黮黮者還昭昭耳欲審曲直莫如引繩欲審是非莫
如引名名之審於是非也猶繩之審於曲直也詰其
名實觀其離合則是非之情不可以相讕已（玉篇讕落千力）

但二切誣言相加被也今世闇於性言之者不同胡不試反性之名性之名非生與音餘如其生之自然之資謂之性性者質也詰性之質於善之名能中之與音餘既不能中矣而尚謂之質善何哉性之名不得離質離質如毛則非性已不可不察也春秋辨物之理以正其名名物如其眞不失秋毫之末故名霣石則後其五言退鷁則先其六聖人之謹於正名如此君子於其言無所苟而已五石六鷁之辭是也椹衆惡於內弗使得發於外者心也故心之爲名椹也人之受氣苟無惡者心何椹哉椹說文作桒如甚切弱皃蓋惡弦則肆見於外故欲馴之使無暴也郎下

所云損其欲輟其情者是也吾以心之名得人之誠人之誠有貪有仁仁貪之氣兩在於身身之名取諸天天兩有陰陽之施身亦兩有貪仁之性天有陰陽禁身有情欲栣與天道一也是以陰之行不得干春夏而月之魄常厭於日光乍全乍傷天之禁陰如此安得不損其欲而輟其情以應天天所禁而身禁之故曰身猶天也禁天所禁非禁天也必知天性不乘於教終不能栣察實以為名無教之時性何遽若是舊本性字下有禁天所禁非天也七字係因上文而衍本無者是何遽舊本作何據下篇又作何處皆訛今改正故性比於禾善比於米米出禾中而禾未可全為米也善出

性中而性未可全爲善也善與米人之所繼天而成於外非在天所爲之內也天之所爲有所至而止止之內謂之天性止之外謂之人事事在性外而性不得不成德民之號取之瞑也使性而已善則何故以瞑爲號以賓者言弗扶將則顚陷猖狂安能善性有似目目臥幽而瞑待覺而後見當其未覺可謂有見質而不可謂見今萬民之性（今萬民之字下俗閒本譌以下文言無驗之說至故謹於正名名非四百六字隔性字之上今依官本移正）有其質而未能覺譬如瞑者待覺教之然後善當其未覺可謂有善質而不可謂善與目之瞑而覺一概之比也靜心徐察之

其言可見矣性而瞑之未覺而與如通天所爲也效天所爲爲之起號故謂之民民之爲言固猶瞑也隨其名號以入其理則得之矣是正名號者於天地天地之所生謂之性情性情相與爲一瞑情亦性也謂性已善柰其情何故聖人莫謂性善累其名也身之有性情也若天之有陰陽也言人之質而無其情猶言天之陽而無其陰也窮論者無時受也名性不以上不以下以其中名之絕句本或作中民之性連下讀下篇如此然此處非也性如繭如卵卵待覆而爲雛繭待繅而爲絲性待教而爲善此之謂眞天天生民性有善質而未能善於是爲

之立王以善之此天意也民受未能善之性於天而退受成性之教於王王承天意以成民之性爲任者也（本作以成民之善性爲任也今從大典本）今案其眞質而謂民性已善者是失天意而去王任也萬民之性苟已善則王者受命尚何任也（此也讀若邪本亦作矣）其設名不正故棄重任而違大命非法言也春秋之辭內事之待外者從外言之今萬民之性待外教然後能善善當與教不當與性與性則多累而不精自成功而無賢聖此世長者之所誤出也非春秋爲辭之術也不法之言無驗之說君子之所外何以爲哉或曰性有善端心有善

質何安非善應之曰非也繭有絲而繭非絲也卵有雛而卵非雛也比類率然有何疑焉天生民有六經言性者不當異然其或曰性也善或曰性未善則所謂善者各異意也性有善端動之愛父母善於禽獸則謂之善此孟子之善循三綱五紀通八端之理忠信而博愛敦厚而好禮乃可謂善此聖人之善也是故孔子曰善人吾不得而見之得見有常者斯可矣由是觀之聖人之所謂善未易當也本或作亦非善未易當也於禽獸則謂之善也使動其端善於禽獸則可謂之善善奚爲弗見也夫善於禽獸之未得爲善也猶知

於草木而不得名知萬民之性善於禽獸而不得名善知之名乃取之聖聖人之所命天下以爲正正朝夕者視北辰正嫌疑者視聖人聖人以爲無王之世不教之民民上舊本有名字係衍文莫能當善善之難當如此而謂萬民之性皆能當之過矣質於禽獸之性則萬民之性善矣質於人道之善則民性弗及也萬民之性善於禽獸者許之聖人之所謂善者勿許吾質之命性者異孟子孟子下質於禽獸之所爲故曰性已善吾上質於聖人之所善故謂性未善善過性聖人過善春秋大元故謹於正名名非所始如之何謂未善

巳善也

實性第三十六

孔子曰名不正則言不順今謂性巳善不幾於無教而如其自然又不順於爲政之道矣且名者性之實實者性之質質無教之時何遽能善次質字舊誤作之大典本作也何本作質之二字今案止當作質字爲是善如米性如禾禾雖出米而禾未可謂米也性雖出善而性未可謂善也米與善人之繼天而成於外也非在天所爲之內也天所爲有所至而止止之內謂之天止之外謂之王教王教在性外而性不得不遂故曰性有善質而未能爲善也

豈敢美辭其實然也美辭疑是異辭天之所爲止於繭麻與禾以麻爲布以繭爲絲以米爲飯以性爲善此皆聖人所繼天而進也非情性質樸之能至也故不可謂性正朝夕者視北辰正嫌疑者視聖人聖人之所名天下以爲正今按聖人言中本無性善名而有善人吾不得見之矣矣疑當作歟使萬民之性皆已能善善人者何爲不見也觀孔子言此之意以爲善難當甚而孟子以爲萬民性皆能當之過矣聖人之性不可以名性斗筲之性又不可以名性名性者中民之性中民之性如繭如卵卵待覆二十日而後能爲雛繭待

繰以涫湯而後能爲絲，性待漸於教訓而後能爲善。善，教訓之所然也，非質樸之所能至也，故不謂性。性者宜知名矣，無所待而起，生而所自有也。善所自有，則教訓已非性也。是以米出於粟，而粟不可謂米；玉出於璞，而璞不可謂玉；善出於性，而性不可謂善。其比多在物者爲然，在性者以爲不然，何不通於類也？卵之性未能作雛也，繭之性未能作絲也，麻之性未能爲縷也，粟之性未能爲米也。春秋別物之理以正其名，名物必各因其眞，眞其義也（其義上本或無眞字，何本有，錢疑當作名），眞其情也，乃以爲名。名霣石則後其五，退飛則先其六此皆其真也聖人於言無所苟而已矣性者天質之樸也善者王教之化也無其質則王教不能化無其王教則質樸不能善質而不以善性句疑有訛其名不正故不受也

諸侯第三十七

生育養長成而更生終而復始其事所以利活民者無已天雖不言其欲贍足之意可見也古之聖人見天意之厚於人也故南面而君天下必以兼利之爲其遠者目不能見其隱者耳不能聞於是千里之外割地分民而建國立君使爲天子視所不見聽所不

聞朝者召而問之也諸侯之爲言猶諸候也

五行對第三十八

河閒獻王問溫城董君曰孝經曰夫孝天之經地之義何謂也對曰天有五行木火土金水是也木生火火生土土生金金生水水爲冬金爲秋土爲季夏火爲夏木爲春春主生夏主長季夏主養秋主收冬主藏藏冬之所成也是故父之所生其子長之父之所長其子養之父之所養其子成之諸父所爲其子皆奉承而續行之不敢不致如父之意盡爲人之道也故五行者五行也上行如字下行下孟反由此觀之父授之子

受之乃天之道也故曰夫孝者天之經也此之謂也王曰善哉天經既得聞之矣願聞地之義對曰地出雲爲雨起氣爲風風雨者地之所爲地不敢有其功名必上之於天命若從天氣者故曰天風天雨也莫曰地風地雨也勤勞在地名一歸於天非至有義其孰能行此故下事上如地事天也可謂大忠矣土者火之子也五行莫貴於土土之於四時無所命者不與火分功名木名春火名夏金名秋水名冬忠臣之義孝子之行取之土土者五行最貴者也其義不可以加矣五聲莫貴於宮五味莫美於甘五色莫盛於

黃此謂孝者地之義也王曰善哉

衣服容貌者所以說目也聲音應對者所以說耳也好惡去就者所以說心也故君子衣服中而容貌恭則目說矣言理應對遜則耳說矣好仁厚而惡淺薄就善人而遠僻鄙則心說矣故曰行思可樂容止可觀此之謂也

闕文第三十九

闕文第四十

春秋繁露卷第十

春秋繁露卷第十一

爲人者天第四十一

爲生不能爲人爲人者天也人之人本於天（人之人疑當作人之爲人）天亦人之曾祖父也此人之所以乃上類天也人之形體化天數而成人之血氣化天志而仁人之德行化天理而義人之好惡化天之暖清人之喜怒化天之寒暑人之受命化天之四時人生有喜怒哀樂之荅春秋冬夏之類也喜春之荅也怒秋之荅也樂夏之荅也哀冬之荅也天之副在乎人人之情性有由天者矣故曰受由天之號也爲人主也道莫明

省身之天如天出之也使其出也荅天之出四時而必忠其受也受從大典本他本多作愛則堯舜之治無以加是可生可殺而不可使爲亂故曰非道不行非法不言此之謂也

傳曰唯天子受命於天天下受命於天子一國則受命於君君命順則民有順命君命逆則民有逆命故曰一人有慶萬民賴之此之謂也文與表記略同

傳曰政有三端父子不親則致其愛慈大臣不和則敬順其禮百姓不安則力其孝弟孝弟者所以安百姓也力者勉行之身以化之天地之數不能獨以寒

暑成歲必有春夏秋冬聖人之道不能獨以威勢成政必有教化故曰先之以博愛教以仁也難得者君子不貴教以義也雖天子必有尊也教以孝也必有先也教以弟也此威勢之不足獨恃而教化之功不大乎

傳曰天生之地載之聖人教之君者民之心也民者君之體也心之所好體必安之君之所好民必從之故君民者貴孝弟而好禮義重仁廉而輕財利躬親職此於上而萬民聽生善於下矣故曰先王見教之可以化民也此之謂也

五行之義第四十二

天有五行一曰木二曰火三曰土四曰金五曰水木五行之始也水五行之終也土五行之中也此其天次之序也木生火火生土土生金金生水水生木此其父子也木居左金居右火居前水居後土居中央此其父子之序相受而布是故木受水而火受木土受火金受土水受金也諸授之者皆其父也受之者皆其子也常因其父以使其子天之道也是故木已生而火養之金已死而水藏之火樂木而養以陽水尅金而喪以陰土之事天竭其忠故五行者乃孝子

忠臣之行也五行之爲言也猶五行歟是故以得辭也聖人知之故多其愛而少嚴厚養生而謹送終就天之制也以子而迎成養如火之樂木也喪父如水之尅金也事君若土之敬天也可謂有行人矣五行之隨各如其序五行之官各致其能是故木居東方而主春氣火居南方而主夏氣金居西方而主秋氣水居北方而主冬氣是故木主生而金主殺火主暑而水主寒使人必以其序官人必以其能天之數也土居中央爲之天潤土者天之股肱也其德茂美不可名以一時之事故五行而四時者土兼之也金木

水火雖各職不因土方不立若酸鹹辛苦之不因甘肥不能成味也甘者五味之本也土者五行之主也五行之主土氣也猶五味之有甘肥也不得不成是故聖人之行莫貴於忠土德之謂也人官之大者不名所職相其是矣天官之大者不名所生土是矣

陽尊陰卑第四十三

天之大數畢於十旬旬天地之閒十而畢擧旬生長之功十而畢成十者天數之所止也古之聖人因天數之所止以爲數紀十如更始如與而同民世世傳之而不知省其所起知省其所起則見天數之所始見天

數之所始則知貴賤逆順所在知貴賤逆順所在則天地之情著聖人之寶出矣（舊本則下有知字衍）是故陽氣以正月始出於地生育長養於上至其功必成也而積十月（必與畢通）人亦十月而生合於天數也是故天道十月而成（天道二字舊本脫今補）人亦十月而成合於天道也故陽氣出於東北入於西北發於孟春畢於孟冬而物莫不應是陽始出物亦始出陽方盛物亦方盛陽初衰物亦初衰物隨陽而出入數隨陽而終始三王之正隨陽而更起以此見之貴陽而賤陰也故數日者據晝而不據夜數歲者據陽而不據陰陰不得達之

義是故春秋之於昏禮也達宋公而不達紀侯之母紀侯之母宜稱而不達宋公不宜稱而達舊本作達未宋公而不達宋公不宜稱而達誤今案公羊傳增正達陽而不達陰以天道制之也丈夫雖賤皆爲陽婦人雖貴皆爲陰陰之中亦相爲陰陽之中亦相爲陽諸在上者皆爲其下陽諸在下者各爲其上陰陰猶沈也何名何有皆并一於陽昌力而辭功故出雲起雨必令從之下命之曰天雨不敢有其所出上善而下惡惡者受之善者不受夫喜怒哀樂之發與清暖寒暑其實一貫也一本貫作類喜氣爲暖而當春怒氣爲清而當秋樂氣爲太陽而當

夏哀氣爲太陰而當冬。四氣者，天與人所同有也，非人所能畜也，故可節而不可止也。節之而順，止之而亂。人生於天，而取化於天。喜氣取諸春，樂氣取諸夏，怒氣取諸秋，哀氣取諸冬，四氣之心也。四肢之答各有處，如四時。句寒暑不可移，若肢體。肢體移易其處，謂之王人；寒暑移易其處，謂之敗歲。喜怒移易其處，謂之亂世。明王正喜以當春，正怒以當秋，正樂以當夏，正哀以當冬，上下法此，以取天之道。春氣愛，秋氣嚴，夏氣樂，冬氣哀。愛氣以生物，嚴氣以成功，樂氣以養生，哀氣以喪終，天之志也。是故春氣暖者，天之所以愛而生之秋氣清者天之所以嚴而成之夏氣溫者天之所以樂而養之冬氣寒者天之所以哀而藏之春主生夏主養秋主收冬主藏生溉其樂以養死溉其哀以藏爲人子者也故四時之比父子之道天地之志君臣之義也陰陽理人之法也陰刑氣也陽德氣也陰始於秋陽始於春春之爲言猶偆偆也秋之爲言猶湫湫也偆偆者喜樂之貌也湫湫者憂悲之狀也是故春喜夏樂秋憂冬悲悲死而樂生以夏養春以冬喪秋大人之志也是故先愛而後嚴樂生而哀終天之當也當卽下篇所謂當於時也或疑是常字而人資諸天

大德而小刑也是故人主近天之所近遠天之所遠大天之所大小天之所小是故天數右陽而不右陰務德而不務刑刑之不可任以成世也猶陰不可任以成歲也爲政而任刑謂之逆天非王道也

王道通三第四十四

古之造文者三畫而連其中謂之王三畫者天地與人也而連其中者通其道也取天地與人之中以爲貫而參通之非王者孰能當是故王者唯天之施施其時而成之法其命而循之諸人（此句而字舊作如亦本通）法其數而以起事治其道而以出法治其志而歸之於仁

仁之美者在於天天仁也舊本作大仁也又本作夫仁也皆誤天覆育萬物既化而生之有養而成之有與又同事功無已終而復始凡舉歸之以奉人察於天之意無窮極之仁也人之受命於天也取仁於天而仁也是故人之受命天之尊父兄子弟之親人之受命天之尊七字有疑衍父兄上當有有字有忠信慈惠之心有禮義廉讓之行有是非逆順之治文理燦然而厚句知廣大有而博本或有而倒唯人道爲可以參天天常以愛利爲意以養長爲事春秋冬夏皆其用也王者亦常以愛利天下爲意以安樂一世爲事本或脫一字好惡喜怒而備用也然而主好惡喜怒

乃天之春夏秋冬也其俱暖清寒暑而以變化成功

也（其俱疑當作其諸）天出此物者時則歲美不時則歲惡人

主出此四者義則世治不義則世亂是故治世與美

歲同數亂世與惡歲同數以此見人理之副天道也

天有寒有暑土若地義之至也是故春秋君不名惡

臣不名善善皆歸於君惡皆歸於臣臣之義比於地

故爲人臣者視地之事天也爲人子者視土之事火

也雖居中央亦歲七十二日之王傳於火以調和養

長然而弗名者皆并功於火火得以盛不敢與父分

功美孝之至也是故孝子之行忠臣之義皆法於地

也地事天也猶下之事上也地天之合也物無合會之義是故推天地之精（本或無地字）運陰陽之類以別順逆之理安所加以不在（錢云下句首亦當有在字）上下在大小在強弱在賢不肖在善惡惡之屬盡爲陰善之屬盡爲陽陽爲德陰爲刑刑反德而順於德亦權之類也雖曰權皆在權成（句未詳皆在本亦作在皆）是故陽行於順陰行於逆逆行而順順行而逆者陰也是故天以陰爲權以陽爲經陽出而南陰出而北經用於盛權用於末以此見天之顯經隱權前德而後刑也故曰陽天之德陰天之刑也陽氣暖而陰氣寒陽氣予而陰氣奪陽

氣仁而陰氣戾陽氣寬而陰氣急陽氣愛而陰氣惡
陽氣生而陰氣殺是故陽常居實位而行於盛陰常
居空位而行於末天之好仁而近惡戾之變而遠大
德而小刑之意也先經而後權貴陽而賤陰也故陰
夏入居下不得任歲事冬出居上置之空處也養長
之時伏於下遠去之弗使得爲陽也無事之時起之
空處使之備次陳守閉塞也此皆天之近陽而遠陰
天固有此然而無所之如其身而已矣人主立於生
殺之位與天共持變化之勢物莫不應天化天地之
化如四時所好之風出則爲暖氣而有生於俗所惡

之風出則爲清氣而有殺於俗喜則爲暑氣而有養長也怒則爲寒氣而有閉塞也人主以好惡喜怒變習俗而天以暖清寒暑化草木喜樂時而當則歲美不時而妄則歲惡天地人主一也然則人主之好惡喜怒乃天之暖清寒暑也不可不審其處而出也當暑而寒當寒而暑必爲惡歲矣人主當喜而怒當怒而喜必爲亂世矣是故人主之大守在於謹藏而禁內使好惡喜怒必當義乃出若暖清寒暑之必當其時乃發也人主掌此而無失使乃好惡喜怒未嘗差也如春秋冬〻夏之未嘗過也可謂參天矣深藏此四

者而勿使妄發可謂天矣

天容第四十五

天之道有序而時有度而節變而有常反而有相奉微而至遠踔而致精一而少積蓄廣而實虛而盈聖人視天而行是故其禁而審好惡喜怒之處也欲合諸天之非其時不出暖清寒暑也其告之以政令而化風之清微也欲合諸天之顛倒其一而以成歲也其羞淺末華虛而貴敦厚忠信也欲合諸天之默然不言而功德積成也其不阿黨偏私而美汎愛兼利也欲合諸天之所以成物者少霜而多露也其內自

省以是而外顯不可以不時人主有喜怒不可以不時可亦爲時時亦爲義喜怒以類合其理一也故義不義者時之合類也而喜怒乃寒暑之别氣也

天辨在人第四十六

難者曰陰陽之會一歲再遇遇於南方者以中夏遇於北方者以中冬冬喪物之氣也則其會於是何如金木水火各奉其所主以從陰陽相與一力而并功其實非獨陰陽也然而陰陽因之以起助其所主故少陽因木而起助春之生也太陽因火而起助夏之養也少陰因金而起助秋之成也太陰因水而起助

冬之藏也陰雖與水并氣而合冬其實不同故水獨有喪而陰不與焉是以陽陰會於中冬者非其喪也春愛志也夏樂志也秋嚴志也冬哀志也故愛而有嚴樂而有哀四時之則也喜怒之禍哀樂之義不獨在人亦在於天而春夏之陽秋冬之陰不獨在天亦在於人人無春氣何以博愛而容衆人無秋氣何以立嚴而成功人無夏氣何以盛養而樂生人無冬氣何以哀死而恤喪天無喜氣亦何以暖而春生育天無怒氣亦何以清而秋殺就天無樂氣亦何以疏陽而夏養長疏俗作疎本或作踈者誤天無哀氣亦何以激陰而冬

閉藏故曰天乃有喜怒哀樂之行人亦有春秋冬夏之氣者合類之謂也匹夫雖賤而可以見德刑之用矣是故陰陽之行終各六月遠近同度而所在異處陰之行春居東方秋居西方夏居空右冬居空左夏居空下冬居空上此陰之常處也陽之行春居上冬居下此陽之常處也陰終歲四移而陽常居實非親陽而疏陰任德而遠刑與（音餘）天之志常置（置舊本作直）陰空處稍取之以爲助故刑者德之輔陰者陽之助也陽者歲之主也天下之昆蟲隨陽而出入天下之草木隨陽而生落天下之三王隨陽而改正天下之尊

卑隨陽而序位幼者居陽之所少老者居陽之所老貴者居陽之所盛賤者居陽之所衰藏者言其不得當陽不當陽者臣子是也當陽者君父是也故人主南面以陽爲位也陽貴而陰賤天之制也舊本制禮作刑誤

之尙右非尙陰也敬老陽而尊成功也

陰陽位第四十七

陽氣始出東北而南行就其位也西轉而北入藏其休也陰氣始出東南而北行亦就其位也西轉而南入屏其伏也是故陽以南方爲位以北方爲休陰以北方爲位以南方爲伏陽至其位而大暑熱陰至其

位而大寒凍陽至其休而入化於地陰至其伏而避德於下是故夏出長於上冬入化於下者陽也夏入守虛地於下冬出守虛位於上者陰也陽出實入實陰出空入空天之任陽不任陰好德不好刑如是也故陰陽終歲各一出

春秋繁露卷第十一

春秋繁露卷第十二

陰陽終始第四十八

天之道終而復始故北方者天之所終始也陰陽之所合別也冬至之後陰俛而西入陽仰而東出出入之處常相反也多少調和之適常相順也有多而無溢有少而無絕春夏陽多而陰少秋冬陽少而陰多多少無常未嘗不分而相散也以出入相損益以多少相溉濟也多勝少者倍入入者損一而出者益二天所起一動而再倍常乘反衡再登之勢以就同類與之相報故其氣相俠而以變化相輸也春秋之中

陰陽之氣俱相併也中春以生中秋以殺由此見之天之所起其氣積天之所廢其氣隨故至春少陽東出就木與之俱生至夏太陽南出就火與之俱煖此非各就其類而與之相起與少陽就木太陽就火火木相稱各就其正此非正其倫與至於秋時少陰興而不得以秋從金從金而傷火功雖不得以從金亦以秋出於東方俛其處而適其事以成歲功此非權與陰之行固常居虛而不得居實至於冬而止空虛太陽乃得北就其類而與水起寒是故天之道有倫有經有權此篇舊本闕二十四字今依聚珍本補全

陰陽義第四十九

天地之常一陰一陽陽者天之德也陰者天之刑也迹陰陽終歲之行以觀天之所親而任成天之功猶謂之空空者之實也故清凓之於歲也若酸鹹之於味也僅有而已矣聖人之治亦從而然天之少陰用於功太陰用於空人之少陰用於嚴而太陰用於喪喪亦空空亦喪也是故天之道以三時成生以一時喪死死之者謂百物枯落也喪之者謂陰氣悲哀也天亦有喜怒之氣哀樂之心與人相副以類合之天人一也春喜氣也故生秋怒氣也故殺夏樂氣也故

養冬哀氣也故藏四者天人同有之有其理而一用之與天同者大治與天異者大亂故爲人主之道莫明於在身之與天同者而用之使喜怒必當義乃出如寒暑之必當其時乃發也使德之厚於刑也如陽之多於陰也是故天之行陰氣也少取以成秋其餘以歸之冬聖人之行陰氣也少取以立嚴其餘以歸之喪喪亦人之冬氣故人之太陰不用於刑而用於喪天之太陰不用於物而用於空空亦爲喪喪亦爲空其實一也皆喪死亡之心也

陰陽出入上下第五十

天道大數相反之物也不得俱出陰陽是也春出陽而入陰秋出陰而入陽夏右陽而左陰冬右陰而左陽陰出則陽入陽出則陰入陰右則陽左陰左則陽右是故春俱南秋俱北而不同道夏交於前冬交於後而不同理並行而不相亂澆滑而各持分此之謂天之意而何以從事天之道初薄大冬陰陽各從一方來而移於後陰由東方來西陽由西方來東至於中冬之月相遇北方合而為一謂之曰至別而相去陰適右陽適左適左者其道順適右者其道逆逆氣左上順氣右下故下暖而上寒以此見天之冬右陰

而左陽也上所右而下所左也冬月盡而陰陽俱南還陽南還出於寅陰南還入於戌此陰陽所始出地入地之見處也至於中春之月陽在正東陰在正西謂之春分春分者陰陽相半也故晝夜均而寒暑平陰日損而隨陽陽日益而鴻故爲暖熱初得大夏之月相遇南方合而爲一謂之曰至別而相去陽適右陰適左適左由下適右由上上暑而下寒以此見天之夏右陽而左陰也上其所右下其所左夏月盡而陰陽俱北還陽北還而入於申陰北還而出於辰此陰陽之所始出地入地之見處也至於中秋之月陽

在正西陰在正東謂之秋分秋分者陰陽相半也故晝夜均而寒暑平陽日損而隨陰陰日益而鴻故至於季秋而始霜至於孟冬而始寒小雪而物咸成舊本寒上有大字衍又小雪誤作下雪大寒而物畢藏天地之功終矣

天道無二第五十一

天之常道相反之物也不得兩起故謂之一一而不二者天之行也陰與陽相反之物也故或出或入或右或左春俱南秋俱北夏交於前冬交於後並行而不同路交會而各代理此其文與天之道有一出一入一休一伏其度一也然而不同意陽之出常縣於

前而任歲事陰之出常縣於後而守空虛陽之休也功已成於上而伏於下陰之伏也不得近義而遠其處也天之任陽不任陰好德不好刑如是故陽出而前陰出而後尊德而卑刑之心見矣陽出而積於夏任德以歲事也陰出而積於冬錯刑於空處也必以此察之天無常於物而一於時時之所宜而一爲之故開一塞一起一廢一至畢時而止終有復始於一（舊本至字上有而字衍有與又同於一舊本作其一誤）一者一也是於天凡在陰位者皆惡亂善不得主名天之道也故常一而不滅天之道事無大小物無難易反天之道無成者是

以目不能二視耳不能二聽手不能二事一手畫方一手畫圓莫能成（句）人爲小易之物而終不能成反天之不可行如是是故古之人物而書文心止於一中者謂之忠持二中者謂之患患人之中不一者也（物而書文疑物當作象趙敬夫云物當是物物而不物於物之義心止於一中者舊本脫心字中字今增又下兩中字舊竝訛忠今改正）不一者故患之所由生也是故君子賤二而貴一人孰無善善不一故不足以立身治孰無常常不一故不足以致功詩云上帝臨汝無二爾心知天道者之言也（爾本亦作汝）

暖燠孰多第五十二

天之道出陽爲暖以生之出陰爲凊以成之是故非薰也不能有育非溧也不能有熟歲之精也知心而不省薰與溧孰多者用之必與天戾與天戾雖勞不成是自正月至於十月而天之功畢（是疑衍）計其閒陰與陽各居幾何薰與溧其日孰多距物之初生至其畢成露與霜其下孰倍故從中春至於秋氣溫柔和調及季秋九月陰乃始多於陽天於是時出溧下霜出溧下霜而天降物固已皆成矣（天降物本亦作大降物）故九月者天之功大究於是月也十月而悉畢故案其跡數其實凊溧之日少少耳功已畢成之後陰乃大出

天之成功也少陰與而太陰不與少陰在內而太陰
在外故霜加物而雪加於空空者亶地而已不逮物
也本亦作雪加空無於字亶與但同功已畢成之後物未復生之前
太陰之所當出也雖曰陰亦以太陽資化其位而不
知所受之故聖主在上位天覆地載風令雨施雨施
者布德均也風令者言令直也詩云不識不知順帝
之則言弗能知識而效天之所爲云爾禹水湯旱非
常經也適遭世氣之變而陰陽失平堯視民如子民
親堯如父母尚書曰二十有八載放勳乃殂落百姓
如喪考妣四海之內閼密八音三年閼與遏同三年陽氣

厭於陰陰氣大興此禹所以有水名也桀天下之殘賊也湯天下之盛德也天下除殘賊而得盛德大善者再是重陽也故湯有旱之名皆適遭之變非禹湯之過毋以適遭之變疑平生之常則所守不失則正道益明

基義第五十三

凡物必有合合必有上必有下必有左必有右必有前必有後必有表必有裏有美必有惡有順必有逆有喜必有怒有寒必有暑有晝必有夜此皆其合也陰者陽之合妻者夫之合子者父之合臣者君之合

物莫無合而合各有陰陽陽兼於陰陰兼於陽夫兼於妻妻兼於夫父兼於子子兼於父君兼於臣臣兼於君君臣父子夫婦之義皆取諸陰陽之道君爲陽臣爲陰父爲陽子爲陰夫爲陽妻爲陰陰道無所獨行其始也不得專起其終也不得分功有所兼之義是故臣兼功於君子兼功於父妻兼功於夫陰兼功於陽地兼功於天舉而上者抑而下也有屏而左也屏下舊衍迸字轉訛而爲送今刪去有引而右也有親而任也有疏而而遠也有欲日益也有欲日損也益而用而損其妨益而用疑是益其用有時損少而益多有時損多而益少少而

不至絕多而不至溢陰陽二物終歲各壹出壹其出遠近同度而不同意（文壹字疑衍）陽之出也常縣於前而任事陰之出也常縣於後而守空處而見天之親陽而疎陰任德而不任刑也（而見當是此見）是故仁義制度之數盡取之天天爲君而覆露之地爲臣而持載之陽爲夫而生之陰爲婦而助之春爲父而生之夏爲子而養之秋爲死而棺之冬爲痛而喪之王道之三綱可求於天天出陽爲暖以生之地出陰爲淸以成之不暖不生不淸不成然而計其多少之分則暖暑居百而淸寒居一德教之與刑罰猶此也故聖人多其

愛而少其嚴厚其德而簡其刑以此配天天之大數必有十旬旬天地之數十而畢舉旬生長之功十而畢成天之氣徐乍寒乍暑句上當有不字故寒不凍暑不暍以其有餘徐來不暴卒也易曰履霜堅冰蓋言遜也然則上堅不踰等果是天之所爲弗作而成也人之所爲亦當弗作而極也兩作字俱疑作凡有興者稍稍上之以遜順往使人心說而安之無使人心恐句本一作而不使怨故曰君子以人治人懂能愿懂當與僅同典作謹疑非大此之謂也聖人之道同諸天地蕩諸四海變易習俗此下似文脫

闕文第五十四

春秋繁露卷第十二

春秋繁露卷第十三

四時之副第五十五 各本皆闕聚珍本有

天之道春暖以生夏暑以養秋清以殺冬寒以藏秋清本作秋涼今据下文改暖暑清寒異氣而同功皆天之所以成歲也聖人副天之所行以爲政故以慶副暖而當春以賞副暑而當夏以罰副清而當秋以刑副寒而當冬慶賞罰刑異事而同功皆王者之所以成德也慶賞罰刑與春夏秋冬以類相應也如合符故曰王者配天謂其道天有四時王有四政四政若四時通類也天人所同有也慶爲春賞爲夏罰爲秋刑爲冬慶

賞罰刑之不可不具也如春夏秋冬不可不備也慶賞罰刑當其處不可不發若暖暑清寒當其時不可不出也慶賞罰刑各有正處如春夏秋冬各有時也四政者不可以相干也猶四時不可相干也四政者不可以易處也猶四時不可易處也故慶賞罰刑有不行於其正處者春秋譏也

人副天數第五十六

各本闕篇首三百九十六字聚珍本補足

天德施地德化人德義天氣上地氣下人氣在其間春生夏長百物以興秋殺冬收百物以藏故莫精於氣莫富於地莫神於天天地之精所以生物者莫貴

於人人受命乎天也故超然有以倚（倚疑當從下文作高物二字）物疢疾莫能為仁義唯人獨能為仁義物疢疾莫能偶天地唯人獨能偶天地人有三百六十節偶天之數也形體骨肉偶地之厚也上有耳目聰明日月之象也體有空竅理脈川谷之象也心有哀樂喜怒神氣之類也觀人之體一何高物之甚而類於天也物旁折取天之陰陽以生活耳而人乃爛然有其文理是故凡物之形莫不伏從旁折天地而行人獨題直立端尚（疑當作人獨題立端向爾雅題直也）正正當之是故所取天地少者旁折之所取天地多者正當之此見人之絕於

物而參天地是故人之身首坌而員坌元注音分無而字今案坌當作坌紛切墳起之意也當有而字象天容也髮象星辰也耳目戾戾象日月也鼻口呼吸象風氣也胷中達知象神明也腹胞實虛象百物也百物者最近地故要以下地也天地之象以要爲帶頸以上者精神尊嚴明天類之狀也頸而下者豐厚卑辱土壤之比也足布而方地形之象也是故禮帶置紳必直其頸以別心也帶而上者盡爲陽帶而下者盡爲陰各其分陽天氣也陰地氣也故陰陽之動使人足病喉痺起則地氣上爲雲雨而象亦應之也天地之符陰陽之副常設於身

身猶天也數與之相參故命與之相連也天以終歲之數成人之身故小節三百六十六副日數也大節十二分副月數也內有五藏副五行數也外有四肢副四時數也乍視乍瞑副晝夜也乍剛乍柔副冬夏也乍哀乍樂副陰陽也心有計慮副度數也行有倫理副天地也此皆暗膚著身（膚別本作慮）與人俱生比而偶之弇合句於其可數也副數句不可數者副類句皆當同而副天一也是故陳其有形以著其無形者拘其可數以著其不可數者（舊本脫以著其不可數六字今訂補）以此言道之亦宜以類相應猶其形也以數相中也

同類相動第五十七

今平地注水去燥就溼均薪施火去溼就燥百物其去所與異而從其所與同故氣同則會聲比則應其驗皦然也試調琴瑟而錯之鼓其宮則他宮應之鼓其商而他商應之五音比而自鳴非有神其數然也美事召美類惡事召惡類類之相應而起也如馬鳴則馬應之牛鳴則牛應之（下句各本皆脫今案文義有此乃完韓詩外傳一馬鳴而馬應之牛鳴而牛應之非知也其勢然也）政與此處相類帝王之將興也其美祥亦先見其將巳也妖孽亦先見物故以類相召也故以龍致雨以扇逐暑軍之所處以棘楚美惡皆有

從來以爲命莫知其處所天將陰雨人之病故爲之先動是陰相應而起也天將欲陰雨又使人欲睡臥者陰氣也有憂亦使人臥者是陰相求也有喜者使人不欲臥者是陽相索也水得夜益長數分東風而酒湛溢病者至夜而疾益甚雞至幾明皆鳴而相薄其氣益精故陽益陽而陰益陰陽陰之氣因可以類相益損也天有陰陽人亦有陰陽天地之陰氣起而人之陰氣應之而起人之陰氣起而天地之陰氣亦宜應之而起其道一也明於此者欲致雨則動陰以起陰欲止雨則動陽以起陽故致雨非神也而疑於

神者其理微妙也非獨陰陽之氣可以類進退也雖
不祥禍福所從生亦由是也無非己先起之而物以
類應之而動者也故聰明聖神內視反聽言爲明聖
內視反聽故獨明聖者知其本心皆在此耳故琴瑟
報彈其宮他宮自鳴而應之此物之以類動者也其
動以聲而無形人不見其動之形則謂之自鳴也又
相動無形則謂之自然其實非自然也有使之然者
矣物固有實使之其使之無形尚書傳言周將興之
時有大赤烏銜穀之種而集王屋之上者武王喜諸
大夫皆喜周公曰茂哉茂哉天之見此以勸之也恐

恃之（赤烏事漢時泰誓有之武王喜以下又見大傳）

五行相生第五十八（此篇舊本在五行相勝之後作第五十九今案文義當在前今互易之）

天地之氣合而爲一分爲陰陽判爲四時列爲五行行者行也其行不同故謂之五行五行者五官也比相生而間相勝也故爲治逆之則亂順之則治

東方者木農之本司農尚仁進經術之士道之以帝王之路將順其美匡救其惡執規而生至溫潤下知地形肥磽美惡立事生則因地之宜召公是也親入南畝之中觀民墾草發淄（淄與菑同）耕種五穀積蓄有餘

家給人足倉庫充實司馬食穀司馬本朝也本朝者火也故曰木生火

南方者火也本朝司馬尚智進賢聖之士上知天文其形兆未見其萌芽未生昭然獨見存亡之機得失之要治亂之源豫禁未然之前執矩而長至忠厚仁輔翼其君周公是也成王幼弱周公相誅管叔蔡叔以定天下天下既寧以安君官者司營也司營者土也故曰火生土

中央者土君官也司營尚信卑身賤體夙興夜寐稱述往古以厲主意明見成敗微諫納善防滅其惡絶

原塞隙執繩而制四方至忠厚信以事其君據義割恩太公是也應天因時之化威武強禦以成大理者司徒也司徒者金也故曰土生金

西方者金大理司徒也司徒尚義臣死君而衆人死父親有尊卑位有上下各死其事事不踰矩執權而伐兵不苟克取不苟得義而後行至廉而威質直剛毅子胥是也（胥即胥字舊作胥訛）伐有罪討不義是以百姓附親邊境安寧寇賊不發邑無獄訟則親安執法者司寇也司寇者水也故曰金生水

北方者水執法司寇也司寇尚禮君臣有位長幼有

序朝廷有爵鄉黨以齒升降揖讓般伏拜謁折旋中矩立而罄折拱則抱鼓執衡而藏至清廉平賂遺不受請謁不聽據法聽訟無有所阿孔子是也爲魯司寇斷獄屯屯（疑即肫肫）與衆共之不敢自專是死者不恨生者不怨百工維時以成器械器械既成以給司農司農者田官也田官者木故曰水生木

五行相勝第五十九

木者司農也司農爲姦朋黨比周以蔽主明退匿賢士絕滅公卿教民奢侈賓客交通不勸田事博戲鬭雞走狗弄馬長幼無禮大小相虜竝爲寇賊橫恣絕

理司徒誅之齊桓是也行霸任兵侵蔡蔡潰遂伐楚楚人降伏以安中國木者君之官也夫木者農也農者民也不順如叛則命司徒誅其率正矣故曰金勝木

火者司馬也司馬爲讒反言易辭以譖愬人內離骨肉之親外疎忠臣賢聖旋亡讒邪日昌魯上大夫季孫是也專權擅勢薄國威德反以怠惡譖愬其賢臣（舊本作羣臣）劫惑其君孔子爲魯司寇據義行法季孫自消隳費郈城兵甲有差夫火者大朝（疑當作本朝）有邪讒熒惑其君執法誅之執法者水也故曰水勝火

土者君之官也其相司營司營爲神主所爲皆曰可主所言皆曰善諂順主指聽從爲比進主所善以快主意導主以邪陷主不義大爲宮室多爲臺榭彫文刻鏤五色成光賦斂無度以奪民財多發繇役以奪民時作事無極以奪民力百姓愁苦叛去其國楚靈王是也作乾谿之臺三年不成百姓罷弊而叛及其身弒夫土者君之官也君大奢侈過度失禮民叛矣其民叛其君窮矣故曰木勝土

金者司徒也司徒爲賊內得於君外驕軍士專權擅勢誅殺無罪侵伐暴虐攻戰妄取令不行禁不止將

卒不親士卒不使兵弱地削令君有恥則司馬誅之楚殺其司徒得臣是也得臣數戰破敵内得於君驕蹇不卹其下卒不爲使當敵而弱以危楚國司馬誅之金者司徒司徒弱不能使士衆則司馬誅之故曰火勝金

水者司寇也司寇爲亂足恭小謹巧言令色聽謁受賂阿黨不平慢令急誅誅殺無罪則司營誅之營蕩是也爲齊司寇太公封於齊問焉以治國之要營蕩對曰任仁義而已太公曰任仁義柰何營蕩對曰仁者愛人義者尊老太公曰愛人尊老柰何營蕩對曰

愛人者有子不食其力尊老者妻長而夫拜之太公曰寡人欲以仁義治齊今子以仁義亂齊寡人立而誅之以定齊國（次寡人字疑衍）夫水者執法司寇也執法附黨不平（附疑阿字與上文同）依法刑人則司營誅之故曰土勝水

五行順逆第六十

木者春生之性農之本也勸農事無奪民時使民歲不過三日行什一之稅進經術之士挺羣禁（挺舊本作誕今案月令云挺重囚淮南子亦作挺後漢臧宮傳注小挺緩挺皆訓寬今改正下同）出輕繫去稽畱除桎梏開門闔通障塞恩及草木則樹木華美

而朱草生恩及鱗蟲則魚大爲爲成也淮南天文訓有介蟲不爲魚不爲續漢書律歷志注引易緯亦有此語鱣鯨不見羣龍下如人君出入不時走狗試馬馳騁不反宮室好淫樂飲酒沈湎縱恣不顧政治事多發役以奪民時作謀增稅以奪民財民病疥搔溫體足胻痛胻音杭脛耑也咎及於木則茂木枯槁工匠之輪多傷敗毒水渰羣滮陂如漁如與而同咎及鱗蟲則魚不爲羣龍深藏鯨出見

火者夏成長本朝也舉賢良進茂才官得其能任得其力賞有功封有德出貨財振困乏正封疆使四方恩及於火則火順人而甘露降恩及羽蟲則飛鳥大

爲黃鵠出見鳳凰翔如人君惑於讒邪內離骨肉外疎忠臣至殺世子誅殺不辜逐忠臣以妾爲妻棄法令婦妾爲政賜予不當則民病血壅腫目不明咎及於火則大旱必有火裁摘巢探鷇探舊作採非咎及羽蟲則蜚鳥不爲冬應不來梟鴟羣鳴鳳凰高翔梟鴟舊作梟鴞又一作梟鴞竝非

土者夏中成熟百種君之官循宮室之制謹夫婦之別加親戚之恩恩及於土則五穀成而嘉禾興恩及倮蟲則百姓親附城郭充實賢聖皆遷仙人降如人君好淫佚妻妾過度犯親戚侮父兄欺罔百姓大爲

臺榭五色成光雕文刻鏤則民病心腹宛黃舌爛痛（宛與鬱同）咎及於土則五穀不成暴虐妄誅咎及倮蟲倮蟲不爲百姓叛去賢聖放亡

金者秋殺氣之始也建立旗鼓杖把旄鉞以誅賊殘禁暴虐安集（下疑脫二字）故動衆興師必應義理出則祠兵入則振旅以閑習之因於搜狩存不忘亡安不忘危脩城郭繕牆垣審羣禁飭兵甲警百官誅不法恩及於金石則涼風出恩及於毛蟲則走獸大爲麒麟至如人君好戰侵陵諸侯貪城邑之賂輕百姓之命則民病喉欬嗽筋攣鼻鼽塞（舊本作仇塞）咎及於金則鑄

化凝滯凍堅不成四面張罔焚林而獵咎及毛蟲則走獸不爲白虎妄搏麒麟遠去

水者冬藏至陰也宗廟祭祀之始敬四時之祭禘祫昭穆之序天子祭天諸侯祭土閉門閭大搜索斷刑罰執當罪飭關梁禁外徙恩及於水則醴泉出恩及介蟲則黿鼉大爲靈龜出如人君簡宗廟不禱祀廢祭祀執法不順逆天時則民病流腫水張中亮切痿痺孔竅不通咎及於水霧氣冥冥必有大水水爲民害咎及介蟲則龜深藏黿鼉呴

治水五行第六十一

日冬至七十二日木用事其氣燥濁而青七十二日火用事其氣慘陽而赤七十二日土用事其氣溼濁而黃七十二日金用事其氣慘淡而白七十二日水用事其氣清寒而黑七十二日復得木木用事則行柔惠挺羣禁至於立春出輕繫去稽留除桎梏開門闔通障塞存幼孤矜寡獨無伐木火用事則正封疆循田疇至於立夏舉賢良封有德賞有功出使四方無縱火土用事則養長老存幼孤矜寡獨賜孝弟施恩澤無興土功金用事則修城郭繕牆垣審羣禁飭甲兵警百官誅不法存長老無焚金石水用事則閉

門閭大搜索斷刑罰執當罪飭關梁禁外徙無决池隄

春秋繁露卷第十三

春秋繁露卷第十四

治亂五行第六十二

火干木蟄蟲蚤出蚿雷蚤行（蚿疑當作眩謂電光也西京雜記董仲舒曰太平之世電不眩目宣示光耀而已大典本無蚿字）土干木胎夭卵毈（丁亂反）鳥蟲多傷　金干木有兵　水干木春下霜

土干火則多雷　金干火草木夷　水干火夏雹

木干火則地動

金干土則五穀傷有殃　水干土夏寒雨霜　木干土倮蟲不爲　火干土則大旱

水干金則魚不爲　木干金則草木再生　火干金

則草木秋榮　土干金五穀不成
木干水冬蟄不藏　土干水則蟄蟲冬出　火干水
則星墜　金干水則冬大寒

五行變救第六十三

五行變至當救之以德施之天下則咎除不救以德
不出三年天當雨石句木有變春凋秋榮秋木冰春
多雨此繇役衆賦斂重百姓貧窮叛去道多饑人救
之者省繇役薄賦斂出倉穀振困窮矣火有變冬溫
夏寒此王者不明善者不賞惡者不絀不肖在位賢
者伏匿則寒暑失序而民疾疫救之者舉賢良賞有

功封有德土有變大風至五穀傷此不信仁賢不敬父兄淫泆無度宮室榮荀子大略篇說苑君道篇何休注公羊桓五年傳皆作宮室榮與此同而近時本乃有改作崇及營字者得此正之救之者省宮室去雕文舉孝悌恤黎元金有變畢昴爲回三覆有武多兵多盜寇此棄義貪財輕民命重貨賂百姓趣利多姦軌救之者舉廉潔立正直隱武行文束甲械水有變冬溼多霧春夏雨雹此法令緩刑罰不行救之者憂囹圄案姦宄誅有罪蒐五日蒐與搜同

五行五事第六十四

王者與臣無禮貌不肅敬則木不曲直而夏多暴風

風者木之氣也其音角也故應之以暴風王者言不從則金不從革而秋多霹靂霹靂者金氣也其音商也故應之以霹靂王者視不明則火不炎上而秋多電電者火氣也其音徵也故應之以電王者聽不聰則水不潤下而春夏多暴雨雨者水氣也其音羽也故應之以暴雨王者心不能容則稼穡不成而秋多雷雷者土之氣也其音宮也故應之以雷

五事一曰貌二曰言三曰視四曰聽五曰思何謂也夫五事者人之所受命於天也而王者所修而治民也故王者爲民治則不可以不明準繩不可以不正

王者貌曰恭恭者敬也言曰從從者可從視曰明明者知賢不肖者分明黑白也聽曰聰聰者能聞事而審其意也思曰容容者言無不容恭作肅從作乂明作哲聰作謀容作聖何謂也恭作肅言王者誠能內有恭敬之姿而天下莫不肅矣從作乂言王者言可從明正從行而天下治矣明作哲哲者知也王者明則賢者進不肖者退天下知善而勸之知惡而恥之矣聰作謀謀者謀事也王者聰則聞事與臣下謀之故事無失謀矣容作聖聖者設也王者心寬大無不容則聖能施設事各得其宜也

王者能敬則肅肅則春氣得故肅者主春大典本無則肅肅三字故肅下重一肅字今依何本春陽氣微萬物柔易移弱可化於時陰氣爲賊故王者欽欽不以議陰事然後萬物遂生而木可曲直也春行秋政則草木凋行冬政則雪行夏政則殺春失政則下有闕文

王者能治則義立義立則秋氣得故乂者主秋乂舊本作義錢改秋氣始殺王者行小刑罰民不犯則禮義成於時陽氣爲賊故王者輔以官牧之事然後萬物成熟秋草木不榮華金從革也秋行春政則華行夏政則喬行冬政則落秋失政則春大風不解雷不發聲

王者能知則知善惡知善惡則夏氣得故哲者主夏夏陽氣始盛萬物兆長王者不揜明則道不退塞而夏至之後大暑隆萬物茂育懷任王者恐明不知賢不肖分明白黑於時寒爲賊故王者輔以賞賜之事然後夏草木不霜火炎上也夏行春政則風行秋政則水行冬政則落夏失政則冬不凍冰五穀不藏大寒不解

王者無失謀然後冬氣得故謀者主冬冬陰氣始盛草木必死王者能聞事審謀慮之則不侵伐不侵伐且殺則死者不恨生者不怨冬日至之後大寒降萬

物藏於下於時暑爲賊故王者輔之以急斷之事以水潤下也冬行春政則蒸行夏政則雷行秋政則旱冬失政則夏草木不實霜五穀疾枯（五事無思曰容一節似亦文脫）

郊語第六十五

（錢云郊語一篇似當次四祭篇後此下五篇實一篇也）

人之言醯去煙鴟羽去眯慈石取鐵頸金取火（醯去煙未詳頸金一作眞金）蠶珥絲於室而絃絕於堂禾實於野而粟缺於倉蕪夷生於燕橘枳死於荊此十物者皆奇而可怪非人所意也夫非人所意而然既已有之矣或者吉凶禍福利不利之所從生無有奇怪非人所意如是者乎此等可畏也孔子曰君子有三畏畏天命

畏大人畏聖人之言彼豈無傷害於人如孔子徒畏之哉以此見天之不可不畏敬猶主上之不可不謹事不謹事主其禍來至顯不畏敬天其殃來至闇闇者不見其端若自然也故曰堂堂如天殃言不必立校默而無聲潛而無形也由是觀之天殃與主罰所以別者闇與顯耳不然其來逮人殆無以異孔子同之俱言可畏也天地神明之心與人事成敗之真固莫之能見也唯聖人能見之聖人者見人之所不見者也故聖人之言亦可畏也柰何如廢郊禮如與郊而同禮者人所最甚重也廢聖人所最甚重而吉凶利害

在於冥冥不可得見之中雖已多受其病何從知之故曰問聖人者問其所爲而無問其所以爲也問其所以爲終弗能見不如勿問問爲而爲之所不爲而勿爲是與聖人同實也何過之有詩云不騫不忘率由舊章詩攷引正作不騫舊章者先聖人之故文章也率由各有修從之也此言先聖人之故文章者雖不能深見而詳知其則猶不知其美譽之功矣不知錢疑是不失之誤今郊事天之義此聖人故此下文脫錢云郊祭篇中故古之聖王文章之最重者也起當接此處

春秋繁露卷第十五

郊義第六十六

錢云此當爲論郊首篇且與下合爲一篇後人編次失之又云篇首郊義二字眞古篇名餘俱後人所分而爲之名非本書之舊

郊義春秋之法王者歲一祭天於郊四祭於宗廟宗廟因於四時之易郊因於新歲之初聖人有以起之其以祭不可不親也天者百神之君也王者之所最尊也以最尊天之故故易始歲更紀卽以其初郊郊必以正月上辛者言以所最尊首一歲之事每更紀者以郊郊祭首之先貴之義尊天之道也

郊祭第六十七

春秋之義，國有大喪者止宗廟之祭而不止郊祭不敢以父母之喪廢事天地之禮也父母之喪至哀痛悲苦也尚不敢廢郊也孰足以廢郊者故其在禮亦曰喪者不祭唯祭天爲越喪而行事（王制曰唯祭天地社稷爲越紼而行事）夫古之畏敬天而重天郊如此甚也今羣臣學士不探察曰萬民多貧或頗饑寒足郊乎是何言之誤天子父母事天而子孫畜萬民民未徧飽無用祭天者是猶子孫未得食無用食父母也言莫逆於是是其去禮遠也先貴而後賤（錢云先貴而後賤上當有禮者二字文脫耳）孰貴於天子天子號天之子也柰何受爲天子之號而無天子之禮天子不可不祭天也無異人之不可以不食父此下當接郊祀篇首一段爲人子而不事父者天下莫能以爲可共一百九十五字移此方脗合故古之聖王文章之最重者也前世王莫不從重粟精奉之以事上天至於秦而獨闕然廢之一何不率由舊章之大甚也天者百神之大君也事天不備雖百神猶無益也何以言其然也祭而地神者春秋譏之祭而地神者文有訛脫此指不郊猶三望之類舊校云地神疑他神孔子曰獲罪於天無所禱也是其法也故未見秦國致天福如周國也詩云唯此文王小心翼翼昭事上帝允懷多福多福者非謂人也事功也謂天之所福也傳曰

周國子多賢蕃殖至于駢孕男者四四產而得八男皆君子俊雄也此天之所以興周國也非周國之所能爲也今秦與周俱得爲天子而所以事天者異於周以郊爲百神始始入歲首必以正月上辛日先享天乃敢於地先貴之義也夫歲先之與歲弗行也相去遠矣天下福若無可怪者然所以久弗行者非灼灼見其當而故弗行也典禮之官常嫌疑莫能昭昭明其當也今切以爲其當與不當可內反於心而定也堯謂舜曰天之歷數在爾躬言察身以知天也今身有子孰不欲其有子禮也聖人正名名不虛生天

子者則天之子也以身度天獨何爲不欲其子之有子禮也今爲其天子而闕然無祭於天天何必善之錢云此下似當接郊祀篇中周宣王時一條此下所聞曰云云似非論郊之文所聞曰天下和平則災害不生今災害生見天下未和平也天下所未和平者天子之教化不行也詩曰有覺德行四國順之覺者著也王者有明著之德行於世則四方莫不響應風化善於彼矣故曰悅於慶賞嚴於刑罰疾於法令

四祭第六十八

古者歲四祭四祭者因四時之所生孰而祭其先祖

父母也故春曰祠夏曰礿秋曰嘗冬曰蒸此言不失其時以奉祭先祖也過時不祭則失爲人子之道也人子舊本作天子誤祠者以正月始食韭也礿者以四月食麥也嘗者以七月嘗黍稷也蒸者以十月進初稻也此天之經也地之義也孝子孝婦緣天之時因地之利此下有脫文已受命而王云云與下篇文多相同不與此處承接順命篇中地之菜茹瓜果以下六十三字或當在此

已受命而王必先祭天乃行王事文王之伐崇是也詩曰濟濟辟王左右奉璋奉璋峩峩髦士攸宜此文王之郊也其下之辭曰淠彼涇舟烝徒檝之周王于邁六師及之此文王之伐崇也上言奉璋下

言伐崇以是見文王之先郊而後伐也文王受命則郊郊乃伐崇崇國之民方困於暴亂之君未得被聖人德澤而文王已郊矣安在德澤未洽者不可以郊乎

郊祀第六十九

錢云郊祀似當作郊祝

爲人子而不事父者天下莫能以爲可今爲天之子而不事天何以異是是故天子每至歲首必先郊祭以享天乃敢爲地行子禮也每將興師必先郊祭以告天乃敢征伐行子道也文王受天命而王天下先郊乃敢行事而興師伐崇其詩曰芃芃棫樸薪之槱

之濟濟辟王左右趨之濟濟辟王左右奉璋奉璋峩峩髦士攸宜此郊辭也其下曰淠彼涇舟烝徒檝之周王于邁六師及之此伐辭也其下曰文王受命有此武功既伐于崇作邑于豐以此辭者見文王受命則郊郊乃伐崇伐崇之時民何處央乎處央疑當作遽乎周宣王時天下旱歲惡甚王憂之其詩曰倬彼雲漢昭回于天王曰嗚呼何辜今之人天降喪亂饑饉荐臻靡神不舉靡愛斯牲珪璧既卒寧莫我聽旱既太甚蘊隆蟲蟲不殄禋祀自郊徂宫上下奠瘞靡神不宗后稷不克上帝不臨耗射下土寧丁我躬宣王自

以爲不能乎后稷不中乎上帝故有此災有此災愈恐懼而謹事天天若不予是家是家者安得立爲天子（舊是家不重今從大典本）立爲天子者天予是家天予是家者天使是家天使是家者（此五字疑衍）是家天之所予也天之所使也天已予之天已使之其間不可以接天何哉故春秋凡譏郊未嘗譏君德不成於郊也乃不郊而祭山川失祭之敘逆於禮故必譏之以此觀之不祭天者乃不可祭小神也郊因先卜不吉不敢郊百神之祭不卜而郊獨卜郊祭最大也春秋譏喪祭不譏喪郊郊不辟喪喪尚不辟況他物（疑有脫誤）郊祝曰皇

皇上天照臨下土集地之靈降甘風雨庶物羣生各得其所靡今靡古維予一人某敬拜皇天之祜舊本訛作言而已矣無各得其所以下四句今以大戴禮記公冠篇及博物志之文訂補與下所云郊祀九句合夫不自爲言而爲庶物羣生言以人心庶天無尤焉天無尤焉而辭恭順宜可喜也右郊祀九句九句者陽數也錢云郊祀亦當爲郊祝

順命第七十

父者子之天也天者父之天也無天而生未之有也天者萬物之祖萬物非天不生獨陰不生獨陽不生陰陽與天地參然後生故曰父之子也可尊母之子

也可卑尊者取尊號卑者取卑號故德侔天地者皇天右而子之號稱天子其次有五等之爵以尊之皆以國邑爲號其無德於天地之閒者州國人民甚者不得繫國邑皆絕骨肉之屬離人倫（此下疑脫二字）謂之閽盜而已無名姓號氏於天地之閒至賤乎賤者也其尊至德（錢云至德疑是至尊）巍巍乎不可以加矣其卑至賤冥冥其無下矣春秋列序位卑尊之陳累累乎可得而觀也雖闇且愚莫不昭然地之菜茹瓜果藝之稻麥黍稷菜生穀熟永思吉日供具祭物齊戒沐浴潔清致敬祀其先祖父母孝子孝婦不使時過已處之以

愛敬行之以恭讓亦殆免於罪矣（地之菜茹瓜果一段六十三字與上下文皆不聯接當在四祭篇中因地之利句下）公子慶父罪亦不當繫於國以親之故爲之諱而謂之齊仲孫去其公子之親也（而謂舊本作而諸母之國五字訛誤今改正）故有大罪不奉其天命者皆棄其天倫人於天也以道受命其於人以言受命不若於道者天絕之不若於言者人絕之臣子大受命於君辭而出疆唯有社稷國家之危猶得發辭而專安之盟是也（之字疑當在專字下安疑是搴字搴盟卽成二年及齊國佐盟于袁婁者是發辭而專之卽對晉人者是也）其天子受命於天諸侯受命於天子子受命於父臣妾受命於君妻受命於夫諸所受命者

其尊皆天也雖謂受命於天亦可舊本下有不天亦可四字係衍文

天子不能奉天之命則廢而稱公王者之後是也公侯不能奉天子之命則名絕而不得就位衛侯朔是也子不奉父命則有伯討之罪衛世子蒯聵是也臣不奉君命雖善以叛言晉趙鞅入于晉陽以叛是也妾不奉君之命則媵女先至者是也妻不奉夫之命則絕夫不言及是也曰不奉順於天者其罪如此孔子曰畏天命畏大人畏聖人之言其祭社稷宗廟山川鬼神不以其道無災無害至於祭天不享其卜不從使其牛口傷鼷鼠食其角或言食牛或言食而死

或食而生或不食而自死或改卜而牛死或卜而食其角過有深淺薄厚而災有簡甚不可不察也猶郊之變因其災而之變應而無爲也見百事之變之所不知而自然者勝言與以此見其可畏專誅絕者其唯天乎臣殺君子殺父三十有餘諸其賤者則損（六字亦疑衍文）以此觀之可畏者其唯天命大人乎（大人疑衍）亡國五十有餘皆不事畏者也況不畏大人大人專誅之君之滅者何日之有哉魯宣違聖人之言變古易常而災立至聖人之言可不慎（疑當有一與字）此三畏者異指而同致故聖人同之俱言其可畏也

郊事對第七十一

廷尉臣湯昧死言舊本有曰字案古文苑無臣湯承制以郊事問故膠西相仲舒臣仲舒對曰所聞古者天子之禮莫重於郊郊常以正月上辛者所以先百神而最居前禮三年喪不祭其先而不敢廢郊郊重於宗廟天尊於人也王制曰祭天地之牛繭栗宗廟之牛握賓客之牛尺古文苑三句之牛下皆有角字此言德滋美而牲滋微也春秋曰魯祭周公用白牡色白貴純也帝牲在滌三月牲貴肥潔而不貪其大也凡養牲之道務在肥潔而已駒犢未能勝芻豢之食莫如令食其母便臣湯謹

問仲舒魯祀周公用白牡非禮也（白牡舊作白牲誤今改正下同）臣仲舒對曰禮也臣湯問周天子用騂犅羣公不毛周公諸公也何以得用純牲臣仲舒對曰武王崩成王立而在襁褓之中周公繼文武之業成二聖之功德漸天地澤被四海故成王賢而貴之詩云無德不報故成王使祭周公以白牡上不得與天子同色下有異於諸侯臣仲舒愚以爲報德之禮臣湯問仲舒天子祭天諸侯祭土魯何緣以祭郊（祭郊疑倒）臣仲舒對曰周公傳成王成王遂及聖功莫大於此周公聖人也有祭於天道（三字舊脫以古文苑補）故成王令魯郊也臣湯問

仲舒魯祭周公用白牡其郊何用臣仲舒對曰魯郊用純騂犅周色上赤魯以天子命郊故以騂臣湯問仲舒祠宗廟或以鶩當鳧鶩非鳧可用否仲舒對曰鶩非鳧鳧非鶩也臣聞孔子入太廟每事問慎之至也陛下祭躬親齊戒沐浴以承宗廟甚敬謹柰何以鳧當鶩鶩當鳧名實不相應以承太廟不亦不稱乎臣仲舒愚以爲不可臣犬馬齒衰賜骸骨伏陋巷陛下乃幸使九卿問臣以朝廷之事臣愚陋曾不足以承明詔奉大對臣仲舒昧死以聞

春秋繁露卷第十五

春秋繁露卷第十六

執贄第七十二

凡執贄天子用暢（與鬯同）公侯用玉卿用羔大夫用鴈鴈乃有類于長者長者在民上必施然有先後之隨必俶然有行列之治故大夫以爲贄羔有角而不任設備而不用類好仁者執之不鳴殺之不諦類死義者羔食於其母必跪而受之類知禮者故羊之爲言猶祥與故卿以爲贄（羔有角之上舊本有羔乃有其類天者天之道任陽不任陰王者之道任德不任刑順天也凡廿七字係衍文又後漢書章懷注所引類好仁者無好字殺之不諦作不嗥必跪而受之無而受之三字案諦與啼同荀子禮論篇哭泣諦號楊倞注引管子家人立而諦）玉

有似君子子曰人而不曰如之何如之何者吾末如之何也矣故匿病者不得良醫羞問者聖人去之以爲遠功而近有災是則不有（四字疑）玉至清而不蔽其惡內有瑕穢必見之於外故君子不隱其短不知則問不能則學取之玉也君子比之玉玉潤而不污是仁而至清潔也廉而不殺是義而不害也堅而不硻（硻與硜同本一作磨）過而不濡視之如庸展之如石狀如石搔而不可從繞（本一作燒疑非是）潔白如素而不受汚玉類備者故公侯以爲贄（備者疑當作備德者）暢有似於聖人者純仁淳粹而有知之貴也擇於身者盡爲德音發於事者

盡爲潤澤積美陽芬香以通之天暘亦取百香之心獨末之合之爲一而達其臭氣暘天子（天子錢疑是于天之訛）其淳粹無擇與聖人一也故天子以爲贄而各以事上也覲贄之意可以見其事

山川頌第七十三

山則巃嵸嶇崔摧嵬嶵巍（案說苑襍言篇作巃嵸纍嶵此疑有衍文）久不崩阤似夫仁人志士孔子曰山川神祇立（川字疑衍）寶藏殖器用資曲直合大者可以爲宮室臺榭小者可以爲舟輿浮濾（疑桴之訛）楫大者無不中小者無不入持斧則斫折鐮則艾（折疑當作持）生人立禽獸伏死人入多其

功而不言是以君子取譬也且積土成山無損也成其高無害也成其大無虧也小其上泰其下久長安後世無有去就儼然獨處惟山之意詩云節彼南山惟石巖巖赫赫師尹民具爾瞻此之謂也

水則源泉混混沄沄古文苑作泫泫晝夜不竭既似力者說苑襍言篇凡既字皆作其盈科後行既似持平者循微赴下不遺小閒既似察者循谿谷不迷或奏萬里而必至既似知者鄣防山而能清淨說苑作障防而清古文苑山而作止之既似知命者不清而入潔清而出既似善化者赴千仞之壑入而不疑既似勇者物皆困於火而水獨勝之既似

武者咸得之而生失之而死旣似有德者孔子在川
上曰逝者如斯夫不舍晝夜此之謂也

求雨第七十四

春旱求雨令縣邑以水日禱社稷山川家人祀戶舊本作令民禱社家人祀戶今以通典增改所謂家人卽民也不可民與家人竝言又社稷山川縣邑之所宐禱故定從通典無伐名木無斬山林暴巫聚蛇八日於邑東門之外爲四通之壇方八尺植蒼繒八其神共工祭之以生魚八玄酒具淸酒膊脯擇巫之潔淸辯利者以爲祝舊本作淸潔辯言利辭者又攺宋本作淸潔辯言又或作辯卩祝齋三日服蒼衣先再拜乃跪陳陳已復再拜乃起祝曰昊天生

五穀以養人今五穀病旱恐不成實敬進清酒膊脯劉昭注續漢志作脯醢再拜請雨雨幸大澍卽奉牲禱以甲乙日爲大蒼龍一蒼本亦作青長八丈居中央爲小龍七各長四丈於東方皆東鄉其閒相去八尺小童八人皆齋三日服青衣而舞之田嗇夫亦齋三日服青衣而立之鑿社通之於閭外之溝取五蝦蟇錯置社之中池方八尺深一尺置水蝦蟇焉具清酒膊脯祝齋三日服蒼衣拜跪陳祝如初取三歲雄雞與三歲豭豬皆燔之於四通神宇令民闔邑里南門置水其外開邑里北門具老豭豬一置之於里北門之外市中亦

置豭豬一聞鼓聲皆燒豭豬尾取死人骨埋之開山淵積薪而燔之通道橋之壅塞不行者決瀆之幸而得雨報以豚一酒鹽黍財足以茅爲席毋斷

夏求雨令縣邑以水日家人祀竈舊本與各書所引凡祀與祠竝參雜不一今姑仍之下放此無舉土功更火浚井火本一作大暴釜於壇臼杵於術七日爲四通之壇於邑南門之外方七尺植赤繒七其神蚩尤祭之以赤雄雞七玄酒具清酒膊脯祝齋三日服赤衣拜跪陳祝如春辭辭當依下文作祠通志無此字以丙丁日爲大赤龍一長七丈居中央又爲小龍六各長三丈五尺於南方皆南鄉其閒相去七尺

壯者七人皆齋三日服赤衣而舞之司空嗇夫亦齋三日服赤衣而立之鑿社而通之閭外之溝取五蝦蟇錯置里社之中池方七尺深一尺具酒脯祝齋衣赤衣拜跪陳祝如初取三歲雄雞豭豬燔之四通神宇開陰閉陽如春也

季夏禱山陵以助之令縣邑十日壹徙市於邑南門之外五日禁男子無得行入市家人祠中霤無舉土功聚巫市傍爲之結蓋爲四通之壇於中央植黃繒五其神后稷祭之以母䭾五母䭾舊脫今以劉昭注及通典增補玄酒具清酒膊脯令各爲祝齋三日令各爲三字疑衍衣黃衣皆

如春祠以戊己日爲大黃龍一長五丈居中央又爲小龍四各長二丈五尺於南方皆南鄉其間相去五尺丈夫五人皆齋三日服黃衣而舞之老者五人亦齋三日衣黃衣而立之亦通社中於閭外之溝蝦蟇池方五尺深一尺他皆如前舊本此下有一段云神農求雨第十九曰戊己不雨命爲黃龍又爲大龍壯者舞之季立之又曰東方小僮舞之南方壯者西方沾人北方口人舞之其四十八字續漢志注無之此疑後人隨意附注不得以閒雜本書其第十九曰者此書第十九篇中之語也舊本曰作日亦訛

秋暴巫尪至九日無舉火事無煎金器家人祠門爲四通之壇於邑西門之外方九尺植白繒九其神少

昊舊本作太昊訛今依通典改正祭之以桐木魚九玄酒具清酒膊脯衣白衣他如春以庚辛日爲大白龍一長九丈居中央爲小龍八各長四丈五尺於西方皆西鄉其間相去九尺鰥者九人皆齋三日服白衣而舞之司馬亦齋三日衣白衣而立之蝦蟇池方九尺深一尺他皆如前

冬舞龍六日禱於名山以助之家人祠井無壅水爲四通之壇於邑北門之外方六尺植黑繒六其神玄冥祭之以黑狗子六玄酒具清酒膊脯祝齋三日衣黑衣祝禮如春以壬癸日爲大黑龍一長六丈居中

央又爲小龍五各長三丈於北方皆北鄉其間相去六尺老者六人皆齋三日衣黑衣而舞之尉亦齋三日服黑衣而立之蝦蟇池皆如春趙疑皆字上脫方六尺深一尺他七字

四時皆以水日爲龍必取潔土爲之結蓋龍成而發之四時皆以庚子之日令吏民夫婦皆偶處凡求雨之大體丈夫欲藏匿續漢志注作欲藏而居女子欲和而樂此下舊有神農書又曰開神山神淵積薪夜擊鼓譟而燔之爲其旱也二十三字案此段亦非本文今改作小字附注於此以備攷神農書舊本脫農字今增旱或一作皐

止雨第七十五

雨太多令縣邑以土日塞水瀆絕道蓋井禁婦人不得行入市令縣鄉里皆掃社下縣邑若丞令史嗇夫三人以上祝一人鄉嗇夫若吏三人以上祝一人里正父老三人以上祝一人皆齋三日（自此三日以下一百八十字各本闕聚珍本從大典補）各衣時衣具豚一黍鹽美酒財足祭社擊鼓三日而祝先再拜乃跪陳陳已復再拜乃起祝曰嗟（本作諾字誤）天生五穀以養人今淫雨太多五穀不和敬進肥牲清酒以請社靈幸為止雨除民所苦無使陰滅陽陰滅陽不順於天天之常意在於利人人願止雨敢告于社鼓而無歌至罷乃止凡止雨之大

體女子欲其藏而匿也丈夫欲其和而樂也開陽而閉陰闔水而開火以朱絲縈社十周衣朱衣赤幘言罷案末七字文有譌脫

二十一年八月甲申朔丙午本作庚申朔譌江都相仲舒告內史中尉陰雨太久恐傷五穀趣止雨止雨之禮廢陰起陽書十七縣八十離鄉及都官吏千石以下夫婦在官者咸遣婦歸舊脫歸字今補女子不得至市市無詣井蓋之勿令泄鼓用牲于社祝之曰雨以太多五穀不和敬進肥牲以請社靈社靈幸為止雨除民所苦無使陰滅陽陰滅陽不順於天天意常在於利民願

止雨敢告鼓用牲于社皆壹以辛亥之日書到即起縣社令長若丞尉官長各城邑社嗇夫里吏正里人皆出至於社下餔而罷三日而止未至三日天大暒亦止暒與晴同舊本作星訛案仲舒本傳所著百二十三篇中有條教一類此節殆其一也後人掇拾遺佚以類附此鄭康成注周官大祝引仲舒救日食祝曰炤炤大明瀸滅無光柰何以陰侵陽以卑侵尊亦不在此書中

祭義第七十六

五穀食物之性也天之所以爲人賜也舊本人賜倒錢改正宗廟上四時之所成受賜而薦之宗廟敬之性也性疑當作至於祭之而宜矣宗廟之祭物之厚無上也春上豆

實夏上尊實秋上杌實冬上敦實豆實韭也春之所始生也尊實𪎭也夏之所受初也受初錢疑倒下同杌實黍也秋之所先成也敦實稻也冬之所畢熟也始生故曰祠善其司也夏約故曰礿貴所受初也先成故曰嘗嘗言甘也畢熟故曰蒸蒸言衆也奉四時所受於天者而上之爲上祭貴天賜且尊宗廟也孔子受君賜則以祭況受天賜乎一年之中天賜四至至則上之此宗廟所以歲四祭也故君子未嘗不食新新天賜至錢疑是天賜新至必先薦之乃敢食之尊天敬宗廟之心也尊天美義也敬宗廟大禮也聖人之所謹也舊本

大禮也倒在此句下今移正不多而欲潔清不貪數而欲恭敬君子之祭也躬親之致其中心之誠盡敬潔之道以接至尊故鬼享之享之如此乃可謂之能祭祭者察也以善逮鬼神之謂也善乃逮不可聞見者故謂之察吾以名之所享故祭之不虛安所可察哉祭之爲言際也與與音餘舊本此下有察也二字係誤衍祭然後能見不見不見之見者舊本作之見者見係誤倒今移正不然後知天命鬼神知天命鬼神然後明祭之意明祭之意乃知重祭事孔子曰吾不與祭如不祭祭神如神在重祭事如事生故聖人於鬼神也畏之而不敢欺也信之而不獨任

事之而不專恃恃其公報有德也幸其不私與人福也其見於詩曰嗟爾君子毋恆安息靜共爾位好是正直神之聽之介爾景福正直者得福也不正者不得福此其法也以詩爲天下法矣何謂不法哉其辭直而重有再歎之有與又同欲人省其意也而人尚不省何其忘哉孔子曰書之重辭之復復與複同嗚呼不可不察也其中必有美者焉此之謂也末段多有賸句疑後人所附益

循天之道第七十七

循天之道以養其身謂之道也天有兩和以成二中歲立其中用之無窮是北方之中用合陰而物始動

於下南方之中用合陽而養始美於上其動於下者不得東方之和不能生中春是也其養於上者不得西方之和不能成中秋是也然則天地之美惡在兩和之處二中之所來歸而遂其爲也是故東方生而西方成東方和生北方之所起而西方和成南方之所養長起之不至於和之所不能生養長之不至於和之所不能成成於和生必和也始於中止必中也中者天下之所終始也而和者天地之所生成也夫德莫大於和而道莫正於中中者天地之美達理也聖人之所保守也詩云不剛不柔布政優優此非中

和之謂與是故能以中和理天下者其德大盛能以中和養其身者其壽極命男女之法法陰與陽陽氣起於北方至南方而盛盛極而合乎陰陰氣起乎中夏至中冬而盛盛極而合乎陽不盛不合是故十月而壹俱盛終歲而乃再合錢云一歲再合則十月當作六月天地久節以此爲常是故先法之內矣養身以全使男子不堅牡不家室陰不極盛不相接是故身精明難衰而堅固壽考無忒此天地之道也天氣先盛牡而後施精故其精固地氣盛牝而後化故其化良是故陰陽之會冬合北方而物動於下夏合南方而物動於上

上下之大動皆在日至之後爲寒則凝氷裂地爲熱則焦沙爛石氣之精至于是（句）故天地之化春氣生而百物皆出夏氣養而百物皆長秋氣殺而百物皆死冬氣收而百物皆藏是故惟天地之氣而精（而字疑衍）出入無形而物莫不應實之至也（舊脫也字趙增）君子法乎其所貴天地之陰陽當男女人之男女當陰陽陰陽亦可以謂男女男女亦可以謂陰陽天地之經生至東方之中而所生大養至西方之中而所養大成一歲四起業而必於中中之所爲而必就於和故曰和其要也和者天之正也（趙疑天下當有地字案下文俱以天地並言）陰陽

之平也其氣最良物之所生也誠擇其和者以爲大得天地之奉也天地之道雖有不和者必歸之於和而所爲有功雖有不中者必止之於中而所爲不失是故陽之行始於北方之中而止於南方之中陰之行始於南方之中而止於北方之中陰陽之道不同至於盛而皆止於中其所始起皆必於中中者天地之大極也日月之所至而卻也長短之隆不得過中天地之制也兼和與不和中與不中而時用之盡以爲功是故時無不時者天地之道也順天之道節者天之制也陽者天之寬也陰者天之急也中者天之

用也和者天之功也舉天地之道而美於和是故物生皆貴氣而迎養之孟子曰我善養吾浩然之氣者也謂行必終禮而心自喜常以陽得生其意也自舊本作目訛又此下有公孫之養氣曰裏藏八字係衍文今刪去泰實則氣不通泰虛則氣不足熱勝則氣口寒勝則氣口舊本熱勝則氣寒下有校語云此下疑少五字今案寒當爲下句之首兩句正相對而各少下一字耳泰勞則氣不入泰佚則氣宛至宛讀爲鬱下同怒則氣高喜則氣散憂則氣狂懼則氣懾凡此十者氣之害也而皆生於不中和故君子怒則反中而自說以和喜則反中而收之以正憂則反中而舒之以意懼則反中而實之以精夫中

和之不可不反如此故君子道至氣則華而上凡氣從心心氣之君也（不可不反舊本作不可反今從趙增一不字氣則二字本或作而字）非何爲而氣不隨也是以天下之道者皆言內心其本也故仁人之所以多壽者外無貪而內淸淨心平和而不失中正取天地之美以養其身是其且多且治鶴之所以壽者無宛氣於中是故食冰猿之所以壽者好引其末是故氣四越天氣常下施於地是故道者亦引氣於足天之氣常動而不滯是故道者亦不宛氣（句）苟不治雖滿不虛（案此七字疑有誤或當作氣苟不治雖滿必虛）是故君子養而和之節而法之去其羣泰取其衆和

高臺多陽廣室多陰遠天地之和也故人弗爲適中而已矣（中舊本作之誤）法人八尺四尺其中也宮者中央之音也甘者中央之味也四尺者中央之制也是故三王之禮味皆尙甘聲皆尙和處其身所以常自漸於天地之道其道同類一氣之辨也法天者乃法人之辨天之道嚮秋冬而陰來嚮春夏而陰去是故古之人霜降而迎女冰泮而殺內與陰俱近與陽遠也（遠上疑亦當有俱字）天地之氣不致盛滿不交陰陽是故君子甚愛氣而游於房（游上當有謹字）以體天也氣不傷於以盛通而傷於不時天丼（句）不與陰陽俱往來謂之不時恣

其欲而不顧天數謂之天并君子治身不敢違天是故新牡十日而一遊於房錢云十日亦當作六日中年者倍新牡始衰者倍中年中衰者倍始衰大衰者以月當新牡之日而上與天地同節矣此其大略也然而其要皆期於不極盛不相遇疏春而曠夏謂不遠天地之數民皆知愛其衣食而不愛其天氣天氣之於人重於衣食衣食盡尚猶有閒氣而立終閒疑闕字誤錢云氣下當脫盡字

故養生之大者乃在愛氣氣從神而成神從意而出心之所之謂意意勞者神擾神擾者氣少氣少者難久矣故君子閑欲止惡以平意平意以靜神靜神

以養本一作愛氣氣多而治則養身之大者得矣古之道士有言曰將欲無陵固守一德此言神無離形則氣多內充而忍饑寒也和樂者生之外泰也和舊本作知誤精神者生之內充也外泰不若內充而況外傷乎忿恤憂恨者生之傷也和說勸善者生之養也君子慎小物而無大敗也行中正聲嚮榮氣意和平居處虞樂可謂養生矣凡養生者莫精於氣是故男女體其盛臭味取其勝居處就其和勞佚居其中寒煖無失適饑飽無過平欲惡度理動靜順性命喜怒止於中憂懼反之正此中和常在乎其身謂之得天地泰得天

地泰者其壽引而長不得天地泰者其壽傷而短短長之質人之所由受於天也是故壽有短長養有得失及至其末之大卒而必讎於此莫之得離故壽之爲言猶讎也讎與酬售並同詩無言不讎箋云如賣物物善則其售賈貴物惡則其售賈賤爾雅釋詁云匹也說文云譍也義亦皆同天下之人雖衆不得不各讎其所生而壽夭於其所自行舊本作壽夭與其所以日誤自行可久之道者其壽讎於久自行不可久之道者其壽亦讎於不久久與不久之情各讎其生平之所行今如後至不可得勝故曰壽者讎也然則人之所自行乃與其壽夭相益損也其自行佚而壽長者命益之也其

自行端而壽短者命損之也以天命之所損益疑人之所得失此大惑也是故天長之而人傷之者其長損天短之而人養之者其短益夫損益者皆人人其天之繼歟出其質而人弗繼豈獨立哉本或作豈獨哀哉疑當作豈不哀哉案凡養生者莫精於氣下舊本行故天下之君五字又誤出下卷天地之行篇中語此物獨死至大可見矣九十七字今改歸下篇此處接以是故男女體其盛至末致相胳合

春秋繁露卷第十六

春秋繁露卷第十七

天地之行第七十八 錢云首一條乃養生家言後一條言君臣之道似非一篇之文

天地之行美也天地之美下文具言之然此處或尚有脫字是故春襲葛夏居密陰秋避殺風冬避重潔潔疑是溼就其和也衣欲常漂漂當與僄同輕也或又疑是栗字食欲常饑體欲常勞而無長佚居多也凡天地之物乘以其泰而生錢云計臺本作乘於其泰而生厭於其勝而死四時之變是也故冬之水氣東加於春而木生乘其泰也春之生西至金而死厭於勝也生於木者至金而死生於金者至火而死春之所

生而不得過秋秋之所生不得過夏天之數也飲食臭味每至一時亦有所勝有所不勝之理不可不察也四時不同氣氣各有所宜宜之所在其物代美視代美而代養之同時美者雜食之是皆其所宜也故薺以冬美而芥以夏成此可以見冬夏之所宜服矣冬水氣也薺甘味也乘於水氣而美者甘勝寒也薺之爲言濟與濟大水也夏火氣也芥苦味也乘於火氣而成者苦勝暑也天無所言而意以物物不與羣物同時而生死者必深察之是天之所以告人也舊本作是天所告人也錢云大典有之字以字故薺成告之甘芥成告之苦也

君子察物而成告謹是以至薺不可食之時而盡遠甘物至芥成就也天所獨代之成者君子獨代之（所獨舊本倒誤又君子獨代下似脫去一字）是冬夏之所宜也春秋雜物其和而冬夏代服其宜則當得天地之美四時和矣凡擇味之大體各因其時之所美而違天不遠矣（舊本各因二字誤作冬字之所倒作所之今皆改正）是故當百物大生之時羣物皆生而此物獨死可食者告其味之便於人也其不食者告殺穢除害之不待秋也當物之大枯之時羣物皆死如此物獨生其可食者益食之天爲之利人獨代生之其不可食益畜之天愍州華之間故生宿麥

中歲而熟之州華之閒四字疑誤君子察物之異以求天意大可見矣案自此物獨死至此共九十七字舊誤在上卷循天之道篇中今移正

一國之君其猶一體之心也隱居深宮若心之藏於胷至貴無與敵若心之神無與雙也其官人上士高清明而下重濁若身之貴目而賤足也任羣臣無所親若四肢之各有職也有職本或作一職內有四輔若心之有肝肺脾腎也外有百官若心之有形體孔竅也親聖近賢若神明皆聚於心也上下相承順若肢體相爲使也布恩施惠若元氣之流皮毛腠理也百姓皆得其所若血氣和平形體無所苦也血氣上舊衍流字今刪無

爲致太平若神氣自通于淵也[自通上舊衍無字今删]致黄龍鳳皇若神明之致玉女芝英也君明臣蒙其功若心之神體得以全臣賢君蒙其恩若形體之靜而心得以安上亂下被其患若耳目不聰明而手足爲傷也臣不忠而君滅亡若形體妄動而心爲之喪[舊本脱爲字趙增]是故君臣之禮若心之與體心不可以不堅君不可以不賢體不可以不順臣不可以不忠心所以全者體之力也君所以安者臣之功也是以天高其位而下其施藏其形而見其光序列星而近至精考陰陽而降霜露高其位所以爲尊也下其施所以爲仁

也藏其形所以爲神也見其光所以爲明也序列星
所以相承也近至精所以爲剛也考陰陽所以成歲
也降霜露所以生殺也爲人君者其法取象於天故
貴爵而臣國所以爲仁也臣國二字之閒有脫文深
少所以爲尊也一句
居隱處不見其體所以爲神也任賢使能觀聽四方
所以爲明也量能授官賢愚有差所以相承也引賢
自近以備股肱所以爲剛也考實事功次序殿最所
以成世也有功者進無功者退所以賞罰也是故天
執其道爲萬物主君執其常爲一國主天不可以不
剛主不可以不堅天不剛則列星亂其行主不堅則

邪臣亂其官星亂則亡其天臣亂則亡其君故爲天者務剛其氣爲君者務堅其政剛堅然後陽道制命地卑其位而上其氣暴其形而著其情受其死而獻其生成其事而歸其功卑其位所以事天也上其氣所以養陽也暴其形所以爲忠也著其情所以爲信也受其死所以藏終也獻其生所以助明也成其事所以助化也化舊本誤作位今據下文改正歸其功所以致義也爲人臣者其法取象於地故朝夕進退奉職應對所以事貴也供設飲食候視疢疾所以致養也委身致命事無專制所以爲忠也爲忠舊本亦作致養誤今改正竭愚寫情不

飾其過所以爲信也爲信舊本作爲忠亦誤今據上文改正伏節死難不惜其命所以救窮也推進光榮褒揚其善所以助明也受命宣恩輔成君子所以助化也功成事就歸德於上所以致義也是故地明其理爲萬物母臣明其職爲一國宰母不可以不信宰不可以不忠母不信則草木傷其根宰不忠則姦臣危其君根傷則巳其枝葉君危則巳其國故爲地者務暴其形爲臣者務著其情自難不惜其命起至此共百二十四字舊本誤在前羣物皆生而之下一國之君之上今按文義移正

威德所生第七十九

天有和有德有平有威有相受之意有爲政之理不可不審也春者天之和也夏者天之德也秋者天之平也冬者天之威也天之序必先和然後發德必先平然後發威此可以見不和不可以發慶賞之德不平不可以發刑罰之威又可以見德生於和威生於平也不和無德不平無威天之道也達者以此見之矣（達舊本作起誤錢據大典改）我雖有所愉而喜必先和心以求其當然後發慶賞以立其德雖有所忿而怒必先平心以求其政（錢云政當作正）然後發刑罰以立其威能常若是者謂之天德行天德者謂之聖人爲人主者居至

德之位操殺生之勢以變化民民之從主也如草木之應四時也喜怒當寒暑威德當冬夏冬夏者威德之合也寒暑者喜怒之偶也喜怒之有時而當發寒暑亦有時而當出其理一也當喜而不喜猶當暑而不暑當怒而不怒猶當寒而不寒也當德而不德猶當夏而不夏也當威而不威猶當冬而不冬也喜怒威德之不可以不直處而發也如寒暑冬夏之不可不當其時而出也故謹善惡之端何以效其然也春秋采善不遺小掇惡不遺大諱而不隱罪而不忽□以是非正理以褒貶喜怒之發威德之處無不皆

中其應可以參寒暑冬夏之不失其時已故曰聖人配天舊本已字上有而字大典無

如天之爲第八十

陰陽之氣在上天亦在人上字疑衍在人者爲好惡喜怒在天者爲暖清寒暑出入上下左右前後平行而不止未嘗有所稽畱滯鬱也其在人者亦宜行而無畱若四時之條條然也夫喜怒哀樂之止動也此天之所爲人性命者臨其時而欲發其應亦天應也臨其時下舊本衍致上二字今刪與暖清寒暑之至其時而欲發無異若畱德而待春夏畱刑而待秋冬也此有順四時之名

實逆於天地之經在人者亦天也柰何其久留天氣使之鬱滯不得以其正周行也是故此下舊注一脫字天行穀朽寅而秋生麥告除穢而繼之也所以成功繼之以贍人也天之生有大經也而所周行者又有害功也除而殺殛者行急皆不待時也天之志也而聖人承之以治是故春修仁而求善秋修義而求惡冬修刑而致清夏修德而致寬此所以順天地體陰陽然而方求善之時見惡而不釋方求惡之時見善亦立行方致清之時見大善亦立舉之方致寬之時見大惡亦立去之以效天地之方生之時有殺也方殺之

時有生也天地下之字疑衍是故志意隨天地緩急倣陰陽然而人事之宜行者無所鬱滯且恕於人順於天天人之道兼舉此謂執其中舊天字不重錢云當有天非以春生人以秋殺人也當生者曰生當死者曰死非殺物之義待四時也而人之所治也安取久留當行之理而必待四時也此之謂壅非其中也人有喜怒哀樂猶天之有春夏秋冬也喜怒哀樂之至其時而欲發也若春夏秋冬之至其時而欲出也皆天氣之然也其宜直行而無鬱滯一也天終歲乃一徧此四者而人主終日不知過此四之數其理故不可以相待且天

之欲利人非直其欲利穀也除穢不待時況穢人乎案自義待四時也至此此共百四十字舊本在前天地之行篇伏節死下誤今移正任擬神明亂世之所起亦博若是皆因天地之化以成敗物乘陰陽之資以任其所爲故爲惡愆人力而功傷名自過也此段首尾皆有闕文且似天地陰陽篇中語

天地之閒有陰陽之氣常漸人者若水常漸魚也所以異於水者可見與不可見耳其澹澹也然則人之居天地之閒其猶魚之離水一也其無閒若氣而淖於水水之比於氣也若泥之比於水也是天地之閒若虛而實人常漸是澹澹之中而以治亂之氣與之

流通相殺也故人氣調和而天地之化美殺於惡而味敗此易之物也（此易下趙疑當有見字）推物之類以易見難者其情可得治亂之氣邪正之風是殺天地之化者也生於化而反殺化與運連也（錢云後篇大意言治亂之氣與天地之化相殺則此節亦應入後篇下接四海之内云云適合）

春秋舉世事之道夫有書天（舊本此下空四字然此處文亦疑有脫誤）之盡與不盡王者之任也詩云天難諶斯不易維王此之謂也夫王者不可以不知天知天詩人之所難也天意難見也其道難理是故明陽陰入出實虛之處所以觀天之志辨五行之本末順逆小大廣狹所以

觀天道也天志人其道也義錢云天志人當是天志仁葢仁字誤作人又轉誤作入也爲人主者予奪生殺各當其義若四時列官置吏必以其能若五行好仁惡戾任德遠刑若陰陽此之謂能配天天者其道長萬物而王者長人人主之大天地之參也好惡之分陰陽之理也喜怒之發寒暑之比也官職之事五行之義也以此長天地之閒蕩以下文脫案此段亦似天地陰陽篇中語

天地陰陽第八十一

天地陰陽木火土金水九與人而十者天之數畢也故數者至十而止書者以十爲終皆取之此聖人何

其貴者起於天至於人而畢畢之外謂之物物者投
所貴之端而不在其中以此見人之超然萬物之上
而最爲天下貴也人下長萬物上參天地故其治亂
之故動靜順逆之氣乃損益陰陽之化而搖蕩四海
之内物之難知者若神不可謂不然也今投地死傷
而不騰相助投淖相動而近投水相動而愈遠由此
觀之夫物愈淖而愈易變動搖蕩也今氣化之淖非
直水也而人主以衆動之無已時是故常以治亂之
氣與天地之化相殽而不治也世治而民和志平而
氣正則天地之化精而萬物之美起世亂而民乖志

僻而氣逆則天地之化傷僻舊本作辟誤氣生災害起氣上疑脫一字是故治世之德潤草木澤流四海功過名者所以別物也親者重疏者輕尊者文卑者質近者詳遠者略文辭不隱情明情不遺文人心從之而不逆古今通貫錢云古今通貫下當接前任擬神明一段其而不亂以下至復而不厭者道也並非此篇之文而不亂名之義也男女猶道也人生別言禮義名號之由人事起也不順天道謂之不義察天人之分觀道命之異可以知禮之說矣見善者不能無好見不善者不能無惡好惡去就不能堅守故有人道人道者人之所由樂而不亂復而不厭者萬物載名而生

聖人因其象而命之然而可易也皆有義從也故正名以名義也物也者洪名也皆名也而物有和名此物也非失物故曰萬物動而不形者意也形而不易者德也樂而不亂復而不厭者道也

四海之內殽陰陽之氣與天地相雜是故人言既曰王者參天地矣苟參天地則是化矣豈獨天地之精哉王者亦參而殽之治則以正氣殽天地之化亂則以邪氣殽天地之化此下舊有亂則二字係衍文同者相益異者相損之數也無可疑者矣錢云前篇天地之閒有陰陽之氣至與運運也一段共一百六十七字當移在此篇此段之上方合

天道施第八十二

天道施地道化人道義聖人見端而知本精之至也得一而應萬類之治也動其本者不知靜其末受其始者不能辭其終利者盜之本也妄者亂之始也夫受亂之始動盜之本而欲民之靜不可得也故君子非禮而不言非禮而不動好色而無禮則流飲食而無禮則爭流爭則亂夫禮體情而防亂者也（夫本一作故）民之情不能制其欲使之度禮目視正色耳聽正聲口食正味身行正道非奪之情也所以安其情也變謂之情雖持異物性亦然者故曰內也變變之變謂

之外變變本或作變情故雖以情然不爲性說故曰外物之動性若神之不守也積習漸靡物之微者也其入人不知習忘乃爲常然若性不可不察也舊本察字上脫不字今補純知輕思則慮達節欲順行則倫得以諫爭僩靜爲宅僩與嫺同賈子傅職篇道術篇多用此字以禮義爲道則文德趙疑德當爲得是故至誠遺物而不與變躬寬無爭而不以與俗推變字或上或下似尚有一字下句以字疑衍衆強弗能入蜩蛻濁穢之中含得命施之理與萬物遷徙而不自失者聖人之心也

舊跋

新安程大昌泰之書秘書省繁露書後

右繁露十七卷紹興間董某所進臣觀其書辭意淺薄間掇取董仲舒策語雜置其中輒不相倫比臣固疑非董氏本書又班固記其說春秋凡數十篇玉杯繁露清明竹林各爲之名似非一書今董某進本通以繁露冠書而玉杯清明竹林特各居其篇卷之一愈益可疑他日讀太平寰宇記及杜佑通典頗見所引繁露語言顧今書皆無之寰宇記曰三皇驅車抵谷口通典曰劍之在左蒼龍之象也刀之在右白虎

之象也軷之在前朱雀之象也冠之在首爭武之象也四者人之盛飾也此數語者不獨今書所無且其體致全不相似臣然後敢言今書之非本眞也牛亨問崔豹冕旒以繁露者何荅曰綴玉而下垂如繁露也則繁露也者古冕之旒似露而垂是其所從假以名書也以杜樂所引推想其書皆句用一物以發己意有垂旒凝露之象焉則玉杯竹林同爲託物又可想見也漢魏閒人所爲文有名連珠者其聯貫物象以達己意略與杜樂所引同如曰物勝權則衡殆形過鏡則影窮者是其凡最也以連珠而方古體其殆

繁露之自出歟其名其體皆契合無殊矣

淳熙乙未予佐蓬監館本有春秋繁露既嘗書所見於卷末而正定其爲非古矣後又因讀太平御覽凡其部彙列敘古繁露語特多如曰禾實於野粟缺於倉皆奇怪非人所意此可證也舊本作此可謂也文獻通考作此可畏也皆誤又曰金干土則五穀不成張湯欲以鶖當鳧祠祀宗廟仲舒曰鶖非鳧鳧非鶖愚以爲不可又曰以赤統者幘尚赤諸如此類亦皆附物著理無憑虛發語者然後益自信予所正定不謬也御覽太平興國閒編緝此時

繁露之書尚存今遂逸不傳可歎也已

四明樓大防跋

繁露一書凡得四本皆有余高祖正議先生序文始得寫本於里中亟傳而讀之舛誤至多恨無他本可校已而得京師印本以爲必佳而相去殊不遠又竊疑竹林玉杯等名與其書不相關後見尚書程公跋語亦以篇名爲疑又以通典太平御覽太平寰宇記所引繁露之言今書皆無之遂以爲非董氏本書且以其名謂必類小說家後自爲一編記雜事名演繁露行於世開禧三年今編修胡君仲方榘宰萍鄉得

羅氏蘭臺本刊之縣庠考證頗備先程公所引三書之言皆在書中則知程公所見者未廣遂謂爲小說者非也然止於三十七篇終不合崇文總目及歐陽文忠公所藏八十二篇之數余老矣猶欲得一善本聞婺女潘同年叔度景憲多收異書屬其子弟訪之始得此本果有八十二篇是萍鄉本猶未及其半也喜不可言以校印本各取所長悉加改定義通者兩存之轉寫相訛又古語亦有不可強通者春秋會解一書（案本集此下似注某年某人所集文亦脫）仲方摭其引繁露十三條今皆具在余又據說文解字王字下引董仲舒曰古

之造文者三畫而連其中謂之王三者天地人也而參通之者王也許叔重在後漢和帝時今所引在王道通三第四十四篇中其本傳中對越三仁之問朝廷有大議使使者及廷尉張湯就其家問之求雨閉諸陽縱諸陰其止雨反是三策中言天之仁愛人君天道之大者在陰陽陽爲德陰爲刑故王者任德教而不任刑之類今皆在其書中則其爲仲舒所著無疑且其文詞亦非後世所能到也左氏傳猶未行於世仲舒之言春秋多用公羊之説嗚呼漢承秦敝旁求儒雅士以經學專門者甚衆獨仲舒以純儒稱人

但見其潛心大業非禮不行對策爲古今第一余竊謂惟仁人之對曰仁人者正其誼不謀其利明其道不計其功又有言曰不由其道而勝不如由其道而敗此類非一是皆眞得吾夫子之心法蓋深於春秋者也自揚子雲猶有愧於斯況其他乎其得此意之純者在近世惟范太史唐鑑爲庶幾焉褒貶評論惟是之從不以成敗爲輕重也潘氏本楚莊王篇爲第一他本皆無之前後增多凡四十二篇而三篇闕焉惟玉杯竹林二篇之名未有以訂之更俟來哲仲方得此尤以爲前所未見相與校讎將寄江右漕臺長

兄祕閣公刻之而謂余記其後嘉定三年中伏日四明樓鑰書於攻媿齋

胡仲方跋

萍鄉頃歲刻春秋繁露於萍鄉凡十卷三十七篇雖非全書然亦人間之所未見故樂與吾黨共之後五年官中都復從攻媿先生大參樓公得善本凡八十二篇爲十七卷視隋唐志崇文總目諸家所紀篇卷皆同惟三篇已耳先生又手自讐校是正訛舛今遂爲全書乃錄本屬祕閣兄重刊於江右之計臺以惠後學云嘉定辛未四月初吉朝奉郎宗正丞兼權右司

郎官兼樞密院檢詳諸房文字胡槼書

春秋繁露附録

崇文總目

春秋繁露漢膠西相董仲舒撰案仲舒本傳説春秋事得失聞舉玉杯蕃露清明竹林之屬數十篇十餘萬言解者但謂所著書名而隋唐志繁露卷目與今正同案其書盡八十二篇義引宏博非出近世然其間篇第已舛無以是正又卽用玉杯竹林題篇疑後人取而附著云

南宋館閣書目

春秋繁露漢膠西相董仲舒撰仲舒廣川人說春秋

事得失聞舉玉杯蕃露清明竹林之屬數十篇顔師古注皆其所著書名今繁露中有玉杯竹林二篇隋唐書及三朝國史志十七卷今十卷繁露之名先儒未有釋者案逸周書王會解天子南面立絻無繁露注云繁露冕之所垂也有聯貫之象春秋屬辭比事仲舒立名或取諸此

鼂公武子止郡齋讀書志

春秋繁露十七卷漢董仲舒撰史稱仲舒說春秋事得失聞舉玉杯繁露清明竹林之屬數十篇十餘萬言皆傳於後世今溢而爲八十二篇又通名繁露皆

未詳隋唐卷目與今同但多訛舛

六一先生歐陽永叔書後

漢書董仲舒傳載仲舒所著書百餘篇第云清明竹林玉杯繁露之書葢略舉其篇名今其書纔四十篇又總名春秋繁露者失其眞也予在館中校勘羣書見有八十餘篇然多錯亂重復又有民閒應募獻書者獻三十餘篇其閒數篇在八十篇外乃知董生之書流散而不全矣方俟校勘而予得罪夷陵秀才田文初以此本示予不暇讀明年春得假之許州以舟下南郡獨卧閱此遂誌之董生儒者其論深極春秋

之旨然蔵於改正朔而云王者大一元者牽於其師之説不能高其論以明聖人之道惜哉惜哉景祐四年四月四日書

陳振孫伯玉書録解題

春秋繁露十七卷漢膠西相廣川董仲舒撰案隋唐及國史志卷皆十七崇文總目凡八十二篇館閣書月止十卷萍鄉所刻亦財三十七篇今乃樓攻媿得潘景憲本卷篇皆與前志合然亦非當時本書也先儒疑辨詳矣其最可疑者本傳載所著書百餘篇清明竹林繁露玉杯之屬今總名曰繁露而玉杯竹林

則皆其篇名此決非其本眞況通典御覽所引皆今書所無者尤可疑也然古書存於世者希矣姑以傳疑存之可也又有寫本作十八卷而但有七十九篇攷其篇次皆合但前本楚莊王在第一卷首而此本乃在卷末別爲一卷前本雖八十二篇而闕文者三實七十九篇也

黄震東發日鈔

董仲舒傳說春秋事得失聞舉玉杯蕃露清明竹林之屬數十篇十餘萬言顔師古註皆其所著書名本朝崇文總目繁露十七卷八十二篇與隋唐志卷目

同目謂其義引宏博非出近世然總以繁露爲名又
郎用玉杯竹林題篇已疑後人附著矣乃中興館閣
書目止存十卷三十七篇新安程大昌讀太平寰宇
記及杜佑通典見所引繁露語言今書皆無之因知
今書之非本眞又讀太平御覽古繁露語特多御覽
太平興國閒編葺此時繁露尚存今遂逸不傳合此
三說觀之是隋唐國初繁露已未必皆董仲舒之舊
中興後繁露又非隋唐國初之繁露矣近世胡尚書
榘爲萍鄉宰日刊之縣齋僅三十七篇而已其後得
攻媿樓參政校定本十七卷八十二篇之舊復全其

兄胡槻既刊之江東漕司其後岳倘書珂復刊之嘉禾郡齋世遂以爲定本攻媿謂爲仲舒所著無疑而取楚莊篇第一謂爲潘氏本有之至於調均一篇萍鄉本列置第三十五及攻媿再定本乃不及此篇則不知何說也又程氏謂通典載劍在左青龍象刀在右白虎象載在前朱雀象冠在首夅武象謂此數語今書所無而今書服制象篇此語實具存程氏以爲無之不知又何也愚按今書惟對膠西王越大夫之問辭約義精而具在本傳餘多煩猥甚至於理不馴者有之如云宋襄公由其道而敗春秋貴之襄公豈

由其道者耶如云周無道而秦伐之以與殷周之伐
竝言秦果伐無道者耶如云志如死灰以不問問以
不對對恐非儒者之言如以王正月之王爲文王恐
春秋無此意如謂黄帝之先謚四帝之後謚恐隆古
未有謚如謂舜主天法商禹主地法夏湯主天法質
文王主地法文於理皆未見其有當如謂楚莊王以
天不見災而禱之于山川不見災而懼可矣禱于山
川以求天災豈人情乎若其謂性有善𮊸而未能爲
善惟待教訓而後能爲善謂性已善幾於無教孔子
言善人吾不得而見之而孟子言人性皆善過矣是

又未明乎本然之性也漢世之儒惟仲舒仁義三策
炳炳萬世曾謂仲舒之繁露而有是乎歐陽公讀繁
露不言其非眞而譏其不能高其論以明聖人之道
且有惜哉惜哉之歎夫仲舒純儒歐公文人此又學
者所宜審也

圖書在版編目（CIP）數據

春秋繁露 /（西漢）董仲舒撰. -- 杭州 : 浙江大學出版社,2021.6（2022.7 重印）
（盧校叢編 / 陳東輝主編）
ISBN 978-7-308-21188-8

Ⅰ. ①春… Ⅱ. ①董… Ⅲ. ①儒家 Ⅳ. ①B234.52

中國版本圖書館 CIP 數據核字（2021）第 050287 號

春秋繁露
〔西漢〕董仲舒 撰

叢書主編 陳東輝
責任編輯 吴 慶
責任校對 吴心怡
封面設計 項夢怡
出版發行 浙江大學出版社
（杭州市天目山路 148 號 郵政編碼 310007）
（網址：http://www.zjupress.com）
排　　版 杭州尚文盛致文化策劃有限公司
印　　刷 浙江海虹彩色印務有限公司
開　　本 880mm×1230mm 1/32
印　　張 13.375
插　　頁 2
字　　數 155 千
印　　數 801—1400
版 印 次 2021 年 6 月第 1 版 2022 年 7 月第 2 次印刷
書　　號 ISBN 978-7-308-21188-8
定　　價 138.00 元

浙江大學出版社市場運營中心聯繫方式 （0571）88925591；http://zjdxcbs.tmall.com